Kärnten
Carinthia
La Carinthie

KÄRNTEN

Einleitender Essay
von Humbert Fink

140 Farbfotos
von Lothar Beckel, Helge Haselbach
Löbl-Schreyer, Erik Pflanzer u. a.

Zeichnungen
von Reiner Schiestl

Daten aus der Geschichte Kärntens
von Alfred Ogris

Pinguin-Verlag, Innsbruck

Vorderes Umschlagbild:
Blick von der Burg Hochosterwitz gegen Westen
Foto Löbl-Schreyer

Übersetzung ins Englische: Jacqueline Schweighofer
Übersetzung ins Französische: Fred Geets
Bildauswahl und Gestaltung: Jochen Pabst

Druck- und Bindearbeiten: Verlagsanstalt Tyrolia, Innsbruck
Farbreproduktionen:
Ifolith, Fotolitho, Innsbruck
Printed in Austria
ISBN 3-7016-2113-6

Inhalt

Anhang

Kärnten

Das Schreiben eines Vorwortes zu einem Bildband über Kärnten ist nicht so sehr eine Frage der literarischen Begabung oder wenigstens einer gewissen stilistischen Fertigkeit, die man von einem solchen Verfasser, wenn er seine Rolle als Zeremonienmeister für eine Galerie von schönen Fotobildern beherrschen will, ohnedies als selbstverständlich voraussetzt, sondern es ist vielmehr eine Frage der kulturellen und gesellschaftspolitischen Moral. Das gilt für alle diesbezüglichen Übungen, die den fragwürdigen Zweck haben, die Vorzüge einer Landschaft genießerisch in den Mittelpunkt zu stellen und unangenehme Wahrheiten achselzuckend zu verschweigen. Es trifft im besonderen aber auf Kärnten zu. Ich zum Beispiel zögerte jahrelang – wie jeder andere patriotische Charakter, der seiner Heimat nur Gutes und Liebliches nachsagen will – mit einer solchen Beschreibung Kärntens; ich zögerte sogar in diesem besonderen Fall, wo die Beschreibung wirklich nur ein Vorwand sein darf für die Betrachtung einer Reihe von Fotografien, auf denen die Sonnenseite dieser mitteleuropäischen Sonneninsel möglichst detailgenau abgebildet ist. Mein Zögern hat allerdings einen ganz natürlichen Grund: daß es auch mir nicht gelingt, zumindest einige der wichtigsten Aspekte dessen darzustellen, was ich für die Wahrheit über Kärnten halte.

Kärnten ist für mich nämlich und vor allem anderen einmal ein Land der Bauernaufstände und der selbstbewußten oder auch nur genügsamen Opposition einer freiwillig verstummten Mehrheit gegenüber den machiavellistischen Unternehmungen einer jeweils von außen wirkenden, dirigierenden Minorität, die sich stets mit List, Gewalt, Niedertracht und frommem Zuspruch aller Schlüsselpositionen bemächtigte. Es gibt kaum eine andere Region im ganzen deutschen Sprach- und Kulturraum, wo es verhältnismäßig so viele Bauernrebellionen, einen verhältnismäßig so hartnäckigen Widerstand gegen klerikale, kuriale Diplomatie, gegen aristokratischen Übermut und bürgerliche Lethargie, aber auch ein solches Beharrungsvermögen zugunsten ältester Traditionen und Kultvorstellungen gegeben hätte wie hier. Denn während man seit einigen Jahrzehnten wie gebannt auf den eingebildeten oder tatsächlichen Konflikt in Verbindung mit der sogenannten Minderheitenfrage blickt, die im günstigsten beziehungsweise eloquentesten Falle stets nur ein Thema für einige wenige ehrgeizige Figuranten war und ist, weil es für die überwältigende Mehrheit der Kärntner diesen Konflikt in Wahrheit nicht gibt, weil der Charakter des Kärntners – der weder als Deutscher reinrassig noch als Slowene nur slawisches Blut in seinen Adern hat – für solche Konflikte gar nicht geschaffen scheint, während man also diese Situation in Wien und Laibach mit dem abgenutzten Vokabular gegenwärtiger Politik beschreibt und die erwähnte Handvoll Figuranten im Lande selbst einander an vaterländischem Pathos und eitler Selbstdarstellung zu überbieten sucht . . ., währenddem übersieht man, daß der deutsch-, slawisch- und romanischblütige Kärntner in seiner ganzen

Geschichte nie einen Herrn außer sich selbst akzeptierte; und daß er allen religiösen und ideologischen Meinungen, die ihm von außen aufgezwungen wurden, diesen sanften Widerstand entgegensetzte, der nicht lärmend, jedoch selbstbewußt, der nicht dramatisch, jedoch auf Dauer erfolgreich ist. Einige der letzten keltischen Kultgewohnheiten, denen man heute noch in Europa begegnen kann, werden im Kärntner Brauchtum gepflegt, nur ungenügend kaschiert durch christliches Zeremoniell; Bauernstolz auch in politischen Belangen war hier noch wirksam, als anderswo der Bauernstand längst schon in einem recht- und glücklosen und damit fatalistischen Zustand vegetierte; Bauernwut gegen soziales Unrecht flammte hier noch auf, als überall in den armseligen Dörfern, in denen das Landproletariat hauste, nicht einmal mehr ein Gedanke an Selbstbestimmung und Unabhängigkeit möglich war; Kärntens Protestanten widerstanden am erfolgreichsten der Gegenreformation; Kärntens früheste Sozialdemokraten und Deutschnationale bildeten lange vor den amorphen Gebilden und Gewohnheiten wienerischer Parteipolitik eine jeweils echte Gesinnungsgemeinschaft; und wie störrisch oder wie selbstbewußt der Kärntner sein kann, beweist sogar die Geschichte rund um die Ernennung Klagenfurts zur Landeshauptstadt. Da ist es dann wohl nur noch folgerichtig, daß nach dem Zusammenbruch der habsburgischen Monarchie nicht die Tiroler, nicht die Steirer, nicht die Niederösterreicher sich gegen den drohenden Verlust uralten Heimatbodens wandten, sondern eben wieder nur die Kärntner. Die ungeschminkte Wahrheit über dieses Land, das wie ein riesiger Brunnentrog zwischen Tauern und Karawanken liegt, bewegt sich dennoch immer am Rande des Chimärenhaften. Alle Literatur zu diesem Thema und, soweit man ihrer habhaft werden kann, alle mündliche Überlieferung, alle politischen und kulturellen Meinungen haben stets dieselbe freundlich-sentimentale Tonart, wie man sie auch in den populärsten Kärntner Volksliedern mitschwingen hört. Und auch die Erinnerung an meine eigenen erstaunten, beeindruckten oder verwirrten Blicke, mit denen ich die Natur dieses Landes jetzt schon seit Jahrzehnten betrachte, mit denen ich die melancholisch-süße Sinnlichkeit seiner Farben und genau akzentuierten Konturen zu genießen imstande bin, signalisiert das altbekannte Bild vom Paradies mit geringfügigen, kaum bemerkbaren Webfehlern, vermittelt den Eindruck einer Idylle, die aus tausend Mündern unentwegt und in der kultiviertesten Volkstumsart besungen wird.

Was ist Kärnten eigentlich? Ein Palimpsest wie jedes andere alte Kulturland auch, das von vielen Schichten aus Widerspruch und Beschwörung beherrscht wird? Ein Mißverständnis der jeweiligen Zeitgenossen, die dem Irrtum erliegen, bloß die vergängliche politische Macht besitzen zu müssen, um auch über die Seelen der Menschen Macht zu haben? Ein alpenländisches Panorama der vorteilhaftesten Farben, flammenden Sonnenaufgänge und des leidenschaftlichen Wühlens der Winterstürme im dunkelgrün eingefärbten Haar der Wälder, die das Land wie eine zweite zottige Haut bedecken? Oder ist Kärnten einfach das fragwürdige Resultat einer historischen Entwicklung, an deren Beginn es das übliche Durcheinander von Völkern und Meinungen gegeben hat, die anderswo mehr oder minder zufriedenstellend gelöst werden konnten, während hier ein Bodensatz aus nicht auszurottendem Aberglauben und einem merkwürdigen nationalen Beharrungsvermögen zurückblieb? Verursacht vielleicht der homerisch begabte Mund jener Erzähler, die das wechselhafte Schicksal des Landes in immer neuen Variationen darzustellen versuchen, hin und wieder eine Dissonanz in den Gedanken jener, die zuhören; leidet, er gelegentlich an einem Sprachfehler, daß manches, was mit den beiden Völkern zusammenhängt, die an den Ufern südlich und nördlich der Drau siedeln, nur noch als schriller Lärm vernehmbar wird? Oder schaut die Wahrheit eher so aus, daß Kärnten als politischer Begriff und moralisches Instrument unter der permanenten, romantisch anmutenden Gutmütigkeit seiner Menschen leidet, die für sich selbst immer ganz genau wissen, was zu tun, zu lassen sei, die aber wie paralysiert jedem Einfluß von außen erliegen? Wobei diese letzte Annahme, für die es auch einige tragikomische Beweise gibt, der größte Widerspruch in diesem an Widersprüchen so reichen Land wäre, denn der Kärntner, seiner geistigen Herkunft und moralischen Gesinnung nach ein bäuerischer Mensch mit gradlinigem Charakter, hat sich immer schon gegen jede törichte Obrigkeit, gegen jeden ärgerlichen Fremdkörper ganz gut behaupten können. Aber da gibt es freilich auch Quellen, derer man sich nur zögernd oder gar nicht bedient, weil daraus eine rauhere, eine mitleidlose Erzählung fließt. Es gibt historische Fakten, die das altgewohnte Wort von der „Friedensinsel Kärnten“ Lügen strafen. Es gibt eine Geschichte in diesem Lande, die uns unter anderem verrät, daß es in diesem vermeintlichen Paradies seit dem ausgehenden Mittelalter immer wieder zu ebenso wütenden wie verzweifelten und letztlich hoffnungslosen Bauernaufständen gekommen ist. Namen wie Peter Wunderlich, Christoph Groß, Georg Mur, Ereignisse wie jenes erbarmungswürdige Bauernopfer vom Sommer 1478, als vierhundert unzulänglich bewaffnete Landleute den über Tarvis hereinbrechenden Türken entgegentreten mußten, weil der Adel sich tatenlos in seinen Burgen und die Bürger sich feige hinter den Mauern ihrer Städte verschanzten, Bemerkungen wie jene eines gewissen Edmund Aelschker, der noch vor rund hundert Jahren befriedigt feststellen durfte, daß man nach dem Abzug der Türken im Herbst 1478 endlich darangehen konnte, die Anführer der Bauernwehr durch Einkerkerung und Hinrichtung unschädlich zu machen . . ., das alles, was ohnedies nur eine oberflächliche Aufzählung ist, die der Zorn diktiert, ist im retuschierten Bild, das man sich von Kärnten macht, nur ungenügend oder überhaupt nicht enthalten.

Das auf groteske Weise Bemerkenswerte ist ja, daß die allgemeine Feststellung, dieses Land habe nie wirklich einen Krieg erdulden müssen, an sich zutrifft.

Und für die herzergreifende Melancholie, für die tragische Schwermut, mit der sich das Volk seit vielen Generationen in seinen Liedern ausdrückt, hat man die scheinbar überzeugende Erklärung slawischen Blutes, slawischer Mentalität zur Hand, die für das Dunkle, Verträumte im Wesen des Kärntners verantwortlich sei. Was für ein Unsinn! Als ob das Volk auch nach Jahrhunderten sein Unterbewußtsein von den Erfahrungen befreien könnte, die es im Umgang mit den Mächtigen sammeln oder eigentlich eher erdulden mußte; und als ob das Gemüt der Menschen beliebig unterteilbar sei in eine slawische und in eine deutsche Hälfte, in eine slawische und in eine deutsche Empfindsamkeit. Nicht nur das menschliche Individuum ist unteilbar; auch sein Gefühl, seine Seele ist es.

Es dürfte zum Beispiel kaum eine andere europäische Region geben, deren gegenwärtige Hauptstadt dadurch entstanden ist, daß einer der Bauernaufstände, die ausnahmslos das Stigma sozialer Rebellion trugen, von einer überlegenen Macht nur mühsam niedergeworfen werden konnte; und daß es dabei zu Komplikationen gekommen war. Die Geschichte, auf die ich hier anspiele, ereignete sich Anfang des 16. Jahrhunderts. Im Krainischen, in der südlichen Steiermark, im südlichen Kärnten waren wieder einmal Bauernunruhen ausgebrochen, deren Ursache wie stets davor und danach in der Ausbeutung des Landvolkes durch die Aristokratie und die Geistlichkeit zu suchen ist. In einem kleinen Dorf namens Pustritz unweit der Marktgemeinde Griffen tagten am 1. Juni 1515 mehr als 3000 empörte Bauern und gründeten einen Bund, eine Art Bauernwehr gegen die Willkür der herrschenden Klasse, wobei man sich die beiden Unterkärntner Bauern Christoph Groß und Georg Mur als militärische Anführer erwählte.

Die Bewegung verbreitete sich rasch, sprang auf Oberkärnten über, schien militärisch wie ideologisch erfolgreich zu sein, allerdings nur bis zu dem Augenblick, da die Kärntner Stände, der Kärntner Adel mit Unterstützung einer Kompanie kampferprobter kaiserlicher Söldner zum Gegenangriff antraten. Nach und nach wurden alle Stützpunkte der Bauern wieder erobert; St. Veit, das zu jenem Zeitpunkt die Landeshauptstadt Kärntens war, zögerte allerdings, die sogenannten Ordnungstruppen, die in Wahrheit wüste Bauernschlächter waren, in die Stadt einzulassen. Der Grund dafür war nicht übertriebene Sympathie für die erbarmungswürdigen Kreaturen, die draußen auf dem Lande zu Dutzenden abgeschlachtet wurden, sondern die Furcht der Bürger, einige ihrer schönen Privilegien einzubüßen. Der Adel wiederum, unterstützt durch den Klerus, sah in dieser Haltung ein politisches Verbrechen. Man wandte sich an den Kaiser; es war dies damals der wenig glückliche Maximilian, der nicht sonderlich überzeugend als „letzter Ritter" in Erscheinung getreten war; und man belästigte ihn nun mit der dringenden Bitte, das unbotmäßige, störrische St. Veit als Landeshauptstadt abzusetzen und dafür Klagenfurt, das zu jener Zeit eine wenig bedeutende, noch dazu durch ein verheerendes Feuer ge-

rade erst vernichtete Ansiedlung war, als landesfürstliche Festung und Kapitale einzusetzen.
Maximilian akzeptierte diese Forderung. Das war im Jahre 1518. Nun aber fürchteten die Bürger von Klagenfurt um den Verlust ihrer Freiheiten, und es wurde eilends eine Delegation nach Wels, wo Maximilian sich aufhielt, auf den Weg geschickt, um diese Erhöhung Klagenfurts wieder rückgängig zu machen. Aber bevor das untertänigst eingebrachte Gesuch der Klagenfurter Bürger noch erledigt werden konnte, starb Maximilian; und Klagenfurt blieb Landeshauptstadt. Das Schicksal der Bauern, deren Rebellion mit rabiater Gewalt niedergeschlagen worden war, schien zu diesem Zeitpunkt schon längst keiner Erwähnung mehr wert.
Und trotzdem ist dieser Menschenschlag berühmt für seine Empfindsamkeit, für seine musische Begabung, vermag er den zartesten Gefühlen mit einer Klarheit und Innigkeit Ausdruck zu verleihen, die im abendländischen Kulturbereich keinen Vergleich zu scheuen braucht. Und trotzdem ist der Charakter des Kärntners weich und anschmiegsam, ist er eines derjenigen nahezu mimosenhaften Geschöpfe, die am härtesten unter Heimweh und Entfremdung leiden und die sich auch am leidenschaftlichsten gegen eine Zerstörung ihrer Umwelt wenden. Es ist zwar ein abgedroschenes Klischee: Aber wer die Seele dieses Volkes verstehen will, muß ihm auf die Lippen blicken, muß aufmerksames Publikum sein für seine Lieder, Bewunderer seiner Musikalität. Erst aus dieser Situation heraus, erst aus dem fugenlosen Nebeneinander von selbstbewußtem Beharrungsvermögen und tiefverwurzelter Vaterlandsliebe – was keine Phrase sein kann in einer Region wie dieser, wo die Liebe zur Heimat fast die Religion ersetzt – entsteht eine Einheit, wie sie Kärnten demonstriert; erst diese Übereinstimmung von scheinbar Unvereinbarem oder doch Gegensätzlichem macht das Geheimnis aus, das dem Kärntner sowohl seine Zähigkeit als auch seinen beneidenswerten Lebensleichtsinn schenkt. Wobei immer noch die Frage offenbleiben muß, ob dieser vermeintliche oder tatsächliche Lebensleichtsinn nicht nur eine Tarnung ist: In gewissen Kärntner Bezirken gibt es seit alters eine Fülle von unehelichen Geburten; sie wird, was die Kehrseite der Medaille betrifft, beinahe schon von einer ständig anwachsenden Zahl an Selbstmorden übertroffen.
Aber alle historisch wie gesellschaftspolitisch aufschlußreichen Erzählungen und Anekdoten lassen sich natürlich genausowenig im schönen Farbbild festhalten wie das soziale Elend der Tagelöhner, Keuschler, Kleinbauern bis an die Schwelle zum 20. Jahrhundert oder das ungebrochene Selbstbewußtein der ersten Sozialdemokraten, die mit der Fertigstellung der sogenannten Südbahnlinie bis Marburg und Tarvis auch in Kärnten bereits Ende des 19. Jahrhunderts sich etablierten, oder der unleugbare Tatbestand, daß dieses angeblich so freisinnige und liberale Land bis in die zweite Hälfte des 19. Jahrhunderts von einer Geistlichkeit intellektuell beherrscht und zumindest emotional dirigiert wurde, der gewisse jesuitische

Züge einerseits und ein ergebener Blick auf außerhalb der Landesgrenzen gelegene religionspolitische Fixpunkte andererseits nicht abzusprechen waren. Dennoch lügen die schönen Farbbilder keinesfalls, die ein idyllisches, gelegentlich sogar somnanbules Kärnten zeigen, einen Landstrich, den ein Gott des Lichtes und der glühenden Farben als sein Eigentum deklariert haben könnte. Man kann nämlich in den heute teilweise schon barbarisch verbauten Landstrichen unterhalb der Tauern, der Nockberge, der Karawanken noch beides erkennen, nämlich den dunklen Atem der Geschichte, die in Kärnten meist eine wenig beachtete Geschichte der Unterdrückten und Rechtlosen war, und die pralle Sinnlichkeit einer landschaftlichen Schönheit, die, obgleich ihr bäuerlicher Charakter unbestreitbar ist, nichts Derbes oder gar Ordinäres besitzt. Und wessen Sinn nach Gerechtigkeit besonders ausgeprägt ist, der braucht hierzulande nur auf die alten Friedhöfe zu gehen und sich ein wenig umzusehen, damit er begreift, daß der durchschnittliche Kleinadel und die Bauern, die Kaplane und die Knechte, die Slowenen und die Friaulaner, die Deutschen und sogar das Strandgut, das mancher ferne Krieg bis nach Kärnten gespült hat, aber auch die besitzenden Bürger und die kleinbürgerlichen Habenichtse, die Sozialdemokraten, Großdeutschen, Christsozialen, daß sie also alle in schöner Gemeinsamkeit ihrer Auferstehung entgegenträumen. Denn fast hat es den Anschein, als benütze man hierzulande Gegensätze nur dazu, um sie aufzuheben und nach dem Ablauf einer gewissen Geschichte gegenstandslos zu machen.

Der Kärntner hat sich ein Jahrtausend und länger gegen jedes Unrecht, gegen jede Form der Unterdrückung leidenschaftlich zur Wehr gesetzt; das fromme Gemurmel aus den Kirchen, der legendäre Viergesang, die machtvollen Männerchöre waren dabei oft nur eine Tarnung für die erbitterte Wut, mit der sich die Kleinen, Benachteiligten gegen die Großen und Bevorzugten durchsetzen mußten. Aber im Augenblick, da der Gleichmacher Tod auftrat, war stets aller Zorn vergessen. Der Kärntner ist nicht rachsüchtig; und sein mitleidvolles Herz, seine sentimentale Neigung, im Aug' des potentiellen Gegners immer auch etwas von sich selbst zu entdecken, seine mythischen Leidenschaften, die viel mit der unbegreiflichen Natur zu tun haben, die Verlockung und unstillbare Sehnsucht bedeutet: das macht ihn zum Außenseiter unter den deutschen Stämmen, macht ihn aber auch, sofern er Slowene ist, ein wenig fremd innerhalb der slawischen Volksgemeinschaft. Kärnten ist ein Kontinent zwischen den Völkern. Und die Menschen, die hier leben, auch wenn es Zugewanderte, Herbeigewehte sind, besitzen einen völlig eigenständigen und freilich auch recht sonderbaren Charakter, wobei man nie genau weiß, ob man statt Charakter nicht doch besser Gemüt sagen soll.

Natürlich darf in einem Vorwort, das auch alle altbekannten Gemeinplätze über dieses Land enthalten soll, nicht der Hinweis auf die illyrisch-keltische, römische, slawische und baierische Vergangenheit fehlen; aber wenn man dann auf der Anhöhe eines Kärntner Berges steht, etwa auf dem abgeflachten Gipfel des Magdalensberges oder auf der höchsten jener Erd- und Waldterrassen, die wie ein dunkler farbkräftiger Wasserfall von der Soboth in die Tiefe des südlichen Lavant- und Drautals hinabsinken; und wenn man ferner in einem solchen Augenblick die leichtbewegte Landschaft unter sich weggleiten sieht, während ein aquamarinfarbener Himmel mit aufgerauhten und zersplitterten Wolkenbändern wie eine machtvolle Fahne über dieser Bewegung liegt; und wenn man schließlich, etwa im späten Herbst, den Wind aus der Tiefe dieser Landschaft emporsteigen und an den Waldrändern die ersten dünnen Nebelschleier hängen sieht . . ., dann ist Geschichte, ist die genaue Abfolge historischer Ereignisse nicht mehr so bedeutsam. Dann zählt vielleicht wirklich nur noch das Bewußtsein, daß sich in diesem Brunnentrog seit vielen Jahrhunderten schon die Kulturen überschneiden.

Ein Beweis dafür – weder der einzige noch der spektakulärste – ist wohl jener Vierbergelauf, der alljährlich am Dreinagelfreitag, ausgehend vom Magdalensberg, stattfindet und der keltische Fruchtbarkeitsriten, slawische Kultvorstellungen und Erinnerungen an germanische Mythen enthält. Ein anderer Beweis ist jene Wallfahrt zum Gurker Dom, der ein romanisches Baudenkmal ist, das den Widerschein mediterranen Lichtes auf seinen Mauern trägt, während die Wallfahrt selbst früher einmal vorwiegend eine krainische, also slowenische Pflichtübung war, deren Zeremoniell teilweise bis auf byzantinische und römische Religionsvorstellungen zurückzuführen ist. Andere Beweise haben gleichfalls mit dem vielschichtigen Brauchtum zu tun, mit den Sagen und Legenden, von denen einige mühelos die Zeit überwinden und sich dadurch ihre Unsterblichkeit sichern, daß sie je nach Notwendigkeit und Nützlichkeit eine christlich verharmlosende Verkleidung annahmen. Aber man braucht nur ein wenig an der Oberfläche zu kratzen, um erstaunt auf einige der ältesten Mythen zu blicken.

Die Gefahr, der man als Nacherzähler altbekannter Geschichten, aus denen im Verlaufe der Zeit wie von selbst Geschichte entsteht, immer ausgesetzt bleibt, besteht in den schönen Lügen, die man sich einbildet oder die man unbesehen übernimmt. Diese Lügen haben sehr viel mit der vermeintlichen Unversehrtheit des Landschaftsbildes zu tun, mit der Poesie einer Natur, die noch nicht völlig dem Fremdenverkehr geopfert wurde, mit dem raunenden Mythos eines Volkes, das noch nicht daran denkt, seine innigsten und intimsten Gefühle auf sogenannten Brauchtumsabenden zahlungskräftigen Gästen beliebig vorzuführen. Es ist eine verhängnisvolle Kette von Lügen und Irritationen, die alle denselben Ausgangspunkt haben: unsere halbverlorenen Erinnerungen an das Zustandekommen jener Voraussetzungen, die das zeitgenössische Porträt Kärntens mitgebildet haben. Die Landschaft, von der eine so große Faszination ausgeht, daß eine oberflächliche Intellektuellenmeinung Kärnten nicht nur als das Land des Volksliedes, sondern auch als das der

Maler und Poeten beschreiben darf, ist in diesem Zusammenhang wiederum nur ein Aspekt unter mehreren. Die Geschichte vom bescheidenen bis demütigen Kärntner, wie sie von den Historikern und Literaten, die nicht selten auch in einem politischen Auftrag handeln, als erzählenswert befunden wird, ist ein anderer.

Aber daneben oder gleichzeitig und gleichsam im Untergrund aller Landschaftsbeschreibung und offiziellen Geschichtsdarstellung verwurzelt, gibt es noch die Legenden, von denen man unter Umständen alles das lernen kann, was die Geschichtsschreibung gerne verschweigt. Ich weiß nicht, ob Kärnten wirklich ein Mythos ist, vergleichbar etwa dem von Kreta, wo es frühzeitig eine Heerschar von Göttern, Ideologien und eine Fülle von kulturellen und zivilisatorischen Höhepunkten gab. Alles Mythische in und aus Kärnten existiert sozusagen erst aus zweiter Hand. Und was das Ideologische betrifft, so hat einerseits der Umstand mitgewirkt, daß es sich hier um ein uraltes Grenzland handelt, und hat andererseits das permanente Vorhandensein existentieller Ängste eine nachhaltige Wirkung ausgeübt. Jene Kelten und Römer, jene germanischen und slawischen Stämme, die bis ins 7. und teilweise auch bis ins 8. Jahrhundert hinein innerhalb der natürlichen Grenzen dieses Landes siedelten oder, historisch betrachtet, auf einer militärisch wie ökonomisch und kulturell gleich bedeutenden Durchreise waren, jene Repräsentanten versunkener Kulturen, von deren Existenz es zwar im Lande selbst zahllose Zeugnisse gibt, die aber bis auf kultische Reste und abergläubische Einschübe nicht wirklich auf unsere Gegenwart hereinwirken konnten, sie alle bilden lediglich einen leicht exotischen Untergrund für das, was dann mit der endgültigen Wiedergewinnung des Landes für das Christentum und damit für das Abendland durch die Baiern, die von Innichen aus Mönche und Soldaten südostwärts entsandten, tatsächlich an geschichtlichem Humus gebildet wurde. Und was immer vorher an Not und Zwietracht, an Entbehrung und schöpferischer Geste, an Kult und Demut vorhanden gewesen sein mag, verlor sich jetzt im Dunstkreis abgehandelter Geschichte, obgleich es im Grunde wieder nur eine Wiederholung altbekannter Voraussetzungen war.

Mir ist natürlich bewußt, daß ich sehr vereinfachend, wie mit einem Zeitraffer operierend diese Dinge erzähle, die ohnedies in jeder besseren Bibliothek nachschlagbar sind. Was mir hingegen fehlt oder doch zu geringfügig bewertet erscheint, ist die nunmehr einsetzende Biographie der Kärntner Bauern, Bergknappen, Fuhrleute, Holzknechte, Tagelöhner, dieses Materials für ein ländliches Proletariat also, das anfangs noch viel an politischer, materieller und kultureller Macht besaß, bis dann ungefähr nach dem Jahre 1000 diese zweite Welle der Christianisierung einsetzte, die allmählich eine bürokratische, mit beamtenhafter Mentalität arbeitende und alle phantasievollen Abgründe zudeckende Christianisierung war. Jenes schöne Gleichnis, das historischen Wahrheitsgehalt besitzt, demnach die Kärntner Herzöge sich auf dem Zollfeld, das immer schon der politische und kulturelle Mittelpunkt des Landes war, dem freien Bauernstand gefällig zu zeigen und vorzustellen hatten, bevor sie vom Herzogsstuhl aus die Regierungsgewalt, die anfangs eine beschnittene, eingeengte war, übernehmen durften, hat keine positiven oder pädagogischen Nachwirkungen gehabt. Daran konnte auch das Faktum nichts ändern, daß es hier tatsächlich noch einen Bauernadel gab, eine bodenständige Aristokratie oder eigentlich Elite, die aus dem Bauernstand hervorgegangen ist und die sich bis ins 19., fallweise bis ins 20. Jahrhundert hinein jenes bäuerliche Milieu, jene bäuerliche Kultur und Moral erhalten konnte, die ein Hauptmerkmal der Kärntner Mentalität ausmacht. Und wenn man noch einen Schritt weitergeht und die jüngste Entwicklung miteinbezieht, dann darf man die lapidare Feststellung treffen, daß alle gesellschaftlichen Positionen in diesem Lande vom Bauernstand ausgegangen sind, bis auf ein zahlenmäßig eher geringfügiges kleinstädtisches, kleinbürgerliches Potential. Im übrigen ist es kein Zufall, daß heute noch fast jeder Kärntner Beamte, Gewerbetreibende, Industriearbeiter, Intellektuelle und Künstler durch verwandtschaftliche Bindungen mit diesem Bauernstand verbunden ist und allein schon durch diese Beziehung kaum Gefahr läuft, den Boden unter den Füßen zu verlieren.

Und dann gibt es selbstverständlich noch jene Seite im Protokoll, die dem oberflächlichen Anschein nach erst gar nicht in Frage gestellt zu werden braucht, also die Landschaft, dieses beeindruckende Motiv für Maler, Fotografen, Lyriker und jetzt vor allem auch für die diensteifrigen Propagandisten des Fremdenverkehrs. Es gibt keinen ernstzunehmenden Prospekt über Kärnten, der nicht die klimatischen Vorzüge, das Idyllische der Natur, die traumverlorene reizvolle Schönheit der „Badeseen", die Sanftheit stiller Almen oder den aufwirbelnden Schneestaub in Farben und mit Worten schildert, die in den letzten zwanzig Jahren jede andere literarische Darstellungsform mühelos überflügelt haben. Wenn man diesen Lobpreisungen lauscht, die alle natürlich einen materiellen Zweck haben, erkennt man allerdings sehr bald, daß zwischen der dargestellten Traumwelt auf den Prospekten und der Kärntner Wirklichkeit gar keine so große Lücke klafft. Kärnten hält nämlich jedem Vergleich mit den Darstellungsgewohnheiten der Fremdenverkehrsindustrie stand, übertrifft in der Regel die Erwartungen der angelockten Gäste, straft jeden Fotografen, der nicht über den „goldenen Blick" verfügt, unbarmherzig Lügen, denunziert mittelmäßige lyrische Begabungen als Scharlatane und wirkt insgesamt wie eine Bühne, auf der endlich einmal nur die einprägsamsten Versatzstücke, nur die kostbarsten Requisiten eine farbenprächtige Dekoration bilden dürfen. Vom Zahn der Zeit, von der Zerstörung durch Umwelteinflüsse, von Zubetonierung und Mülldeponien, von verwüsteter Landschaft und von Bausünden, die nicht nur Stadtbilder, sondern auch die Natur selbst schon schäbig aussehen lassen, soll ausnahmsweise einmal nicht gesprochen werden.

Man ist als nachdenklicher, empfindsamer und wohl auch skeptischer Mensch, der hier seine Heimat gefunden hat, stets bereit, Kärnten gegen seine aufdringlichsten Preissänger genauso wie gegen die notorischen Verleumder in Schutz zu nehmen. Aber mit der Zeit lernt man, daß die meisterhaft gegliederte Anmut, die geniale Architektur dieser wie in Etappen die Möglichkeiten des Lebens beschreibenden Landschaft, die überwältigende Fülle an blaßblauen und dunkelgrünen Konturen in Personalunion mit dem, was ich die Kärntner Seele nennen möchte, jede Prospektprahlerei in einem übergeordneten Sinne bestätigt und jedes verleumderische Wort, aus welchem Prahlmund es auch kommen mag, durch seine prachtvolle Normalität wieder ausgleicht. Dabei kann man ohnedies nur mit statistischen Aufzählungen aufwarten, mit Pauschalbegriffen und nebulosen Zahlenangaben, daß es hier mehr als 200 Seen und Teiche, Hunderte Almen, eine Unzahl klarer Bergbäche, das kalkweiße Gerippe mächtig aufstrebender Gebirgsketten und die fruchtbare Saftigkeit erdbrauner Ebenen gibt; vom byzantinischen Abendhimmel in Südkärnten, von der grünschillernden Zartheit nördlich anmutender Sonnenaufgänge im Nockgebiet, von der traumwandlerischen Schwermut des Rosentals, von der edlen Einfalt sanftgerundeter Hügel im Unterland, von dörflichen Idyllen und kleinstädtischer Behaglichkeit, die noch wie aus einem anderen Zeitalter anmutet, verraten solche Aufzählungen nichts.

Ähnlich verhält es sich auch, wenn man die geistigen Linien zu entwirren versucht, die die intellektuelle und kulturelle Schraffur dieses Landes ausmachen. Die Existenz oder doch die vorübergehende Anwesenheit einiger mehr oder weniger berühmter Minnesänger im ehemals herzoglichen St. Veit, in der alten Deutschordensstadt Friesach wird gern als Beweis für literarische Tradition angeführt. Aber gravierender erscheint mir der Umstand zu sein, daß es in Kärnten schon frühzeitig eine sozial motivierte Volksliteratur gegeben hat, die dann im 19. Jahrhundert sogar einen Adeligen mit dem schönen einheimischen Namen Tschabuschnigg in einem Roman diese soziale Frage aufwerfen ließ; und zwar lange vor den diversen Pflichtübungen sogenannter sozialrevolutionärer Literaten. Man vergißt ja auch nie zu erwähnen, daß es seit den frühesten Anfängen des 11. Jahrhunderts in Kärnten eine Reihe von Klostergründungen gab, die das geistige und kulturpolitische Leben im Lande für die folgenden Jahrhunderte mitprägen sollten. Den vielen namenlosen Dorfgemeinschaften jedoch, die eine ähnliche Wirkung mit wesentlich geringerem Aufwand und ohne jeden propagandistischen Unterton erzielten, verwehrt man heute noch häufig die respektvolle Reverenz.

Aber gerade diese Bescheidenheit, diese auch in kulturpolitischer Hinsicht fast einmalige Selbstgenügsamkeit ist charakteristisch für den Kärntner. Nur darf man das nicht mißverstehen oder gar mit Einfallslosigkeit oder geistiger Zurückgebliebenheit verwechseln. Ein Kontinent wie Kärnten ist durchaus imstande, aus sich selbst heraus alle Kräfte, die materiellen vielleicht etwas weniger als die ideellen, die parteipolitischen vielleicht etwas weniger als die zeitlos ideologischen, für seine fortlaufende Entwicklung zu empfangen. Wer das für etwas Negatives hält, der werfe doch einmal mehr als nur einen Blick auf das Kontinuum namens Kärnten.

Carinthia

Writing a foreword to a photographic work on Carinthia is not so much a question of literary talent or, at the least, a certain stylistic fluency. These are what one naturally expects from such an author, if he has a proper command of his role as master of ceremonies for a gallery of enchanting photographic portraits. It is far more a question of social and political values. This applies to all such exercises with the questionable purpose of emphasizing the advantages of a landscape with relish and omitting unpleasant truths with a shrug. It is particularly applicable to Carinthia, however. Like any other patriotic soul who only desires to relate what is best of his homeland, I hesitated for years before attempting such a description of Carinthia; I even hesitated in this particular case where the description is but a pretext for contemplating a series of photographs depicting the sunny side of this Central European island in the sun with as much precise detail as possible. There were very natural reasons for my hesitation, however: that I, too, might not be able to express at least some of the most important aspects of what I regard to be the truth about Carinthia.

For me Carinthia is above all a land of peasant rebellions, a land of proud or merely unassuming opposition by a voluntarily silenced majority in the face of the machiavellian doings of a ruling minority, always acting from the outside, always seizing all the key positions by cunning, force, baseness and pious encouragement. Throughout the entire German-speaking area there is hardly any other region which can have witnessed so many peasant rebellions, such obstinate resistance to clerical and curial diplomacy, aristocratic arrogance and civic lethargy, or, too, such adherence to ancient traditions and cult notions. For several decades now expectant eyes have been directed towards the supposed or real conflict surrounding the so-called minority question. At best this always was, and still is, merely a subject for a very few ambitious figures. For the great majority of Carinthians this conflict does not in reality exist, because the character of the Carinthian – whose blood is neither purely German in the one case nor purely Slav in the Slovene case – does not seem to be fashioned for such conflicts. Whilst in Vienna and in Ljubljana this situation is described in the tarnished vocabulary of present-day politics and whilst the few figures in the land itself vie with one another in their patriotic pathos and vain showmanship, the fact is being overlooked that, whether of German, Slav or Romanic blood, the Carinthian has never throughout his entire history accepted any master but himself. In the face of religious and ideological opinions forced upon him from outside he has always displayed that gentle resistance which is not noisy, but self-assured, not dramatic, but in the long run successful. Some of the last vestiges of Celtic cults still to be encountered in Europe survive in Carinthian traditions, insufficiently disguised by Christian ceremonial; in political matters, too, peasant pride was still effective here when elsewhere the peasant estate had long since vegetated into a condition where rights and happiness were lacking, a fatalistic state; peasant anger at social injustice was still flaring up here when nowhere, in those wretched villages with their huddles of country proletariate, could even a thought still be spared for self-determination and independence; Carinthia's Protestants withstood the Counter-Reformation most successfully; Carinthia's first social democrats and German nationalists formed communities with genuinely shared ideals long before the amorphous structures and habits of Viennese party politics; and how stubborn and proud the Carinthian can be is shown by the history of Klagenfurt's becoming provincial capital. Thus it was but logical that after the collapse of the Hapsburg monarchy not the Tyrolean, not the Styrian, not the Lower Austrian, but the Carinthian should oppose the threatening loss of ancient homeland.

Nevertheless the unvarnished truth about this country, lying between the Tauern and the Karawanken like a huge trough, seems fanciful. All literature on the subject and what is obtainable by word of mouth, all political and cultural opinions always adopt the same kindly sentimental tone which resounds through the most popular Carinthian folk songs. And to recall my own astonished, impressed or confused glances, my way for decades now of viewing the nature of this land, my way of delighting in the bitter sweet sensuousness of its colours and precisely accentuated contours, signalizes the familiar old view of paradise with minor, hardly noticeable imperfections, communicates the impression of an idyll, the praises of which are unwaveringly sung by a thousand voices and in the most cultured folkloristic manner.

What actually is Carinthia? A palimpsest like every other culture, ruled by many layers of contradiction and adjuration? A misunderstandig to the respective contemporaries who succumb to the error of having merely to hold transient political power in order to have power, too, over the soul of man? An Alpine panorama of colours at their best, fiery sunrises and the winter storms passionately running their hands through the dark green hair of the forest which covers the land like a second shaggy skin? Or is Carinthia merely the unresolved outcome of a historic development which started with the usual confusion of peoples and opinions, solved more or less satisfactorily elsewhere, whilst here the dregs of ineradicable superstition and a remarkable national obstinacy remained? Does the Homerically gifted tongue of those storytellers who attempt to portray the changing fate of the land in variations ever new sometimes cause a dissonance in the thoughts of those listening; is it a speech defect which occasionally makes but shrill noise of much relating to the two peoples settling on the banks north and south of the Drau? Or is the truth that, as a political concept and a moral instrument, Carinthia suffers from the permanently romantic seeming good nature of its people who always know for themselves what to do and what not to do, but who succumb, as paralysed, to any influence from the outside? There is some tragicomic evidence for this last assumption which would be the greatest contradiction in this land so rife in contradiction; for, in mental origins and moral outlook a straightforward peasant character, the Carinthian has always managed quite well to hold his own in the face of foolish authority and irksome alien elements.

But there are, of course, sources which one hesitates to use, less the tale become too rough, too ruthless. There are historic facts which give the lie to the traditional idea of Carinthia as "an island of peace". There is a story in this land which reveals how since the end of the Middle Ages a recurring feature of this would-be paradise was peasant revolt, raging, desperate and, finally, hopeless. Names like Peter Wunderlich, Christoph Groß, Georg Mur, incidents like that pitiful peasant sacrifice in the summer of 1478 when four hundred inadequately armed country people had to confront the invading Turks because the nobility were idly entrenched in their castles and the cowardly citizens behind their city walls, remarks like that made by one Edmund Aelschker who noted with satisfaction some hundred years ago that after the departure of the Turks in the autumn of 1478 the task could at last be undertaken of rendering harmless the peasant leaders by imprisonment and execution . . . all that – merely a random list, dictated by anger – is insufficiently contained or completely lacking in the touched up picture one has of Carinthia.

What is grotesquely remarkable is the truth of the statement that this land never really had to suffer a war. And that touching melancholy, that tragic darkness of spirit, expressed for generations in the songs of this people, has with seeming conviction been explained away by Slav blood, Slav mentality, said to be responsible for all that is sombre and dreaming in the Carinthian nature. What rubbish! As if even after centuries the people could free their subconscious from experience acquired, or rather endured, in their dealings with the mighty; as if people's spirits can be divided at will into a Slav and a German half, a Slav and a German sensitivity. Not only is the human individual indivisible, so are his feelings, so is his soul.

There can for instance be hardly any other European region whose present capital city came into being in that one of the peasant revolts – these without exception bore the stigma of social rebellion – could only be suppressed with difficulty by a superior power; and that complications thus arose. The story I refer to here took place at the beginning of the 16th century. In Carniola, in southern Styria, in southern Carinthia, peasant unrest had broken out once more, its cause, as always, the exploitation of the country people by the aristocracy and the clergy. On 1st June 1515 more than 3000 enraged peasants met in a little village called Pustritz, not far from the market community of Griffen, where they founded a league, a sort of peasant guard against the despotism of the ruling class. Christoph Groß and Georg Mur, two Lower Carinthian peasants, were elected the military leaders.

The movement quickly spread, taking in

Upper Carinthia, seeming to be successful both from a military and an ideological viewpoint, until that moment when the Carinthian estates and the Carinthian nobility, supported by a company of experienced imperial mercenaries, formed up for the counter-attack. Little by little all the peasant strongholds were recaptured; St. Veit, at that time the capital of Carinthia, hesitated to admit the so-called order troops – in fact these were wild slaughterers of peasants – into the city. The reason was not exaggerated sympathy for the pitiful creatures being slaughtered in dozens out in the country, but the citizens' fear of forfeiting some of their privileges. The nobility, supported by the clergy, regarded this attitude as a political crime. The Emperor was appealed to, that somewhat unfortunate Maximilian in his not particularly convincing guise of "Last Knight"; now he was being bothered with the urgent plea that insubordinate, headstrong St. Veit be replaced as capital and princely fortress by Klagenfurt, at that time a settlement of minor importance which had just been destroyed by a devastating fire.

Maximilan bowed to this demand. That was in 1518. The citizens of Klagenfurt feared the loss of their liberties, however, and a delegation was promptly dispatched to Maximilian in Wels to revoke this promotion. But before the Klagenfurt citizens' humble plea could be dealt with Maximilian died; and Klagenfurt remained the capital. The fate of the peasants whose rebellion had been suppressed so ruthlessly no longer seemed worthy even of mention by this time.

And yet this race is famous for its sensitivity, its artistic gifts, capable of lending to the most delicate feelings a clarity and warmth which can compare with any throughout Western civilization. And yet the character of the Carinthian is yielding and supple, he is one of those almost over-sensitive characters who suffer most from homesickness and estrangement and who rise up most passionately against the destruction of their environment. It sounds hackneyed, but anyone wishing to penetrate the depths of these people must look at their lips, must provide an attentive audience for their songs, admiring their musicality. It is only out of this situation, this seamless juxtaposition of self-assured obstinacy and deeply rooted patriotism – no mere phrase in a region like this, where love of one's homeland is almost a substitute for religion – that a unity as demonstrated in Carinthia results; this harmony of the seemingly irreconcilable or the opposing is the secret which gives the Carinthian his tenacity and his enviably light-hearted attitude to life. Although the question remains ever open whether this apparent or actual light-heartedness is but a camouflage: in certain areas of Carinthia there have always been a great number of illegitimate births; as the other side of the picture shows, these are almost outstripped by the constantly increasing suicide rate.

But the historical and socially revealing tales and anecdotes are just as impossible to capture in colour photography as is the social wretchedness of the daily labourers, cottagers, and small peasants right up to the threshold of the 20th century, or the unbroken self-confidence of the first social democrats who established themselves in Carinthia at the end of the 19th century with the completion of the so-called southern railway line via Maribor and Tarvis, or the undeniable fact that this land, said to be so enlightened and liberal, should until the second half of the 19th century have been ruled intellectually and at least emotionally by a clergy with certain Jesuitical traits on the one hand and a devoted glance at politically religious fixed points beyond the borders of the land on the other hand.

And yet those lovely colour photographs do not lie when they depict an idyllic, sometimes even somnambulistic Carinthia, a stretch of land which might have been requisitioned by a god of light and glowing colours. In the sometimes barbarically built up areas below the Tauern, the Nock mountains and the Karawanken both can still be recognized, the dark breath of history, in Carinthia usually a little-regarded history of suppression and a lack of rights, and the blazing sensuousness of a scenic beauty which has nothing coarse or vulgar, despite its undeniably peasant character. And anyone with a particularly fine sense of justice need only visit the old cemeteries and look around a little to see how they all – the gentry and the peasants, the chaplains and the labourers, the Slovenes and the Friuli, the Germans and even the flotsam, stranded in Carinthia by many a distant war, the haves and the have-nots, the Social Democrats, the Pan-Germanists and the Christian Socialists – dream together of their resurrection in peaceful harmony. For it almost seems that here opposites only serve to be picked up and then to be made meaningless after a certain period has elapsed.

For a thousand years and more the Carinthian has passionately struggled against any wrong, any form of oppression; the pious murmurings from the churches, the legendary four-part songs, the mighty men's choirs were often merely a disguise for the discriminated small folk's bitter resentment of the privileged great. But with the advent of death, that great equalizer, all anger was forgotten. The Carinthian does not lust for revenge; and his sympathetic heart, his sentimental tendency of discovering something of himself in the eye of a potential opponent, his mythical passions which have much to do with incomprehensible Nature, signifying temptation and desire which cannot be quenched: this makes him an outsider amongst the German tribes, but it also makes him, if he is a Slovene, somewhat of an outsider within the Slav racial community. Carinthia is a continent between peoples. And, even if they are newcomers, blown here by chance, the people who live here have a strange character all of their own, and one never knows whether temperament might not be a better world than character.

The mention of an Illyrian-Celtic, Roman, Slav and Bavarian past is, of course, obligatory in a foreword containing all the familiar platitudes about this land; but when one stands on the summit of a Carinthian mountain, on the flattened peak of the Magdalensberg

perhaps or on the highest of those wooded terraces which drop from the Soboth down to the depths of the Lavant and Drau valleys, like a darkly colourful waterfall, and when one sees the landscape below gliding away, whilst an aquamarine sky with roughened, splintered ribbons of cloud is suspended above like a mighty banner, and finally, in the late autumn, when one sees the wind rising from the depths of this landscape and the first thin veils of mist at the edges of the woods . . . then history and the precise sequence of historical events are not so important. Then, perhaps, all that matters is the knowledge that the cultures have overlapped for many centuries in this trough of land.
One example of this – by no means unique or the most spectacular – is that Four-Mountains-Event which takes place annually on the second Friday after Easter, starting from the Magdalensberg, and which comprises Celtic fertility rites, Slav cult elements and reminders of Germanic myths. Another example is the pilgrimage to Gurk cathedral which is a Romanesque edifice whose walls reflect the light of the Mediterranean, whereas the pilgrimage itself was once mainly a Carniolan, that is Slovenian, exercise, its ceremony going back in part to Byzantine and Roman concepts of religion. Other examples also relate to the greatly stratified customs, the myths and legends, some of which effortlessly survived the years and assured their immortality by donning a harmless Christian garb according to necessity and expediency. But one only has to scratch the surface a little to reveal with astonishment some of the most ancient myths.
In re-narration the danger to which one is always exposed from familiar tales consists of the delightful lies which one either imagines or adopts without examination. They have much to do with the presumedly intact state of the scenery, with the poetry of a nature not yet entirely sacrificed to tourism, with the whispering myth of a people who as yet do not contemplate exhibiting their innermost thoughts and feelings to affluent visitors at so-called traditional evenings. It is a fateful chain of lies and irritations, all of which have the same starting point: our half-lost memories of how these requirements which have formed the contemporary portrait of Carinthia came about. The scenery – it exerts such a fascination that superficial intellectual opinion may not only describe Carinthia as the land of folk song, but as the land of painters and poets, too – is only one aspect of many in this connection. The story of the modest or humble Carinthian, as told by historians and writers acting not infrequently on a political errand, is another.
But alongside or rooted as it were beneath all the descriptions of scenery and official versions of history there are still the legends from which everything gladly concealed by history can in certain cases be learnt. I cannot say whether Carinthia really is a myth comparable with that of Crete where, at a very early time, there was a host of gods and ideologies, a wealth of cultural and civilizing climaxes. All that is mythical in and from Carinthia exists as it were at

second hand. As regards ideology, thc fact that this is ancient border country played its part, just as the permanent presence of existential fears had a lasting effect. Those Celts and Romans, those Germanic and Slav tribes who settled within the natural borders of this land right up to the 7th century and in parts into the 8th century or who, seen in the light of history, were travelling through on a journey of equal military, economic and cultural importance, those representatives of lost cultures of whose existence there is numerous evidence in the land itself, but who could not really influence our present except in the remains of cults and superstitions, they all merely provide a somewhat exotic background for the actual historical humus formed with the final recovery of the land for Christianity, and thus for western civilization, by the Bavarians who sent out monks and soldiers from Innichen to the south-east. And whatever there might have been of distress and discord, of privation and creative gesture, of cult and humility, this was now lost in the vapours of old history, although basically it was only once again a repetition of familiar old requirements.

I am, of course, aware that I am relating these things – they can at any rate be looked up in any decent liberary – in a very simplified way, as if compressing them with speeding-up apparatus. What on the other hand I find to be missing or insufficiently heeded is the biography of the Carinthian peasants, miners, carters, timber workers and daily labourers, that country proletariat substance who originally still held great political, material and cultural power until this second wave of Christianization began after about the year 1000, gradually becoming a Christianization which worked bureaucratically and covered up any imaginative depths. That delightful image with historical foundations of the Carinthian dukes graciously being presented to the free peasant estate on the Zollfeld, always the political and cultural centre of the land, before taking up their rule – at first their power was restricted – had no positive or educational consequences. This was not altered by the fact that a peasant nobility still existed here, a native aristocracy or élite which emerged from the peasant class and which until the 19th and occasionally the 20th century succeeded in retaining the peasant environment, culture and morals which constitute a main feature of the Carinthian mentality. And going a step further here to include the latest development, then it may be briefly noted that all social positions in this land originated with the peasant class, apart from a minor small town, petty bourgeois potential. Nor is it mere chance that today practically every Carinthian civil servant, tradesman, industrial worker, intellectual and artist is related to this peasant class and, by way of this relationship if nothing else, hardly runs the risk of not keeping his feet on the ground.

And then, of course, there is that aspect of the matter which at first glance seems obvious – the scenery, that impressive subject for painters, photographers and lyric writers and now above all for the zealous tourist publicity people. There is no serious brochure on Carinthia which does not in words and colours describe the climatic advantages, the idyllic natural beauties, the dreamingly charming loveliness of the "bathing lakes", the gentleness of silent pastures or the whirling snow; over the past twenty years these have effortlessly overtaken all other literary portrayals. Listening to these panegyrics, all of which, of course, have a material objective, one very soon realizes, however, that there is not such a yawning gap between the dream world depicted in the brochures and the reality which is Carinthia. For Carinthia stands up to any comparison with the diction of the tourist trade, usually surpassing the enticed visitor's expectations, mercilessly giving the lie to any photographer whose lens does not transform everything to gold, denouncing mediocre lyric talent as dilettantish and altogether giving the effect of a stage upon which only the most striking sets, only the most costly properties have been permitted to set the colourful scene.

For once no mention shall be made of the ravages of time, of the destruction due to environmental influences, of the concreting excesses and the refuse dumps, of the devastated landscape and the building sins which make not only the urban scene, but Nature itself, look shabby.

As a reflective, sensitive and also sceptical person who has found a home here one is always prepared to protect Carinthia from those who praise it most obtrusively and those who slander it most notoriously. But with time one learns that the masterly grace, the inspired architecture of this landscape which outlines the possibilities of life as in stages, the overwhelming profusion of pale blue and dark green contours in a personal union with what I would like to call the Carinthian soul, that all this but serves to confirm in superior fashion any boasting brochure, offsetting any slanderous words, no matter from which bragging mouth, by way of its magnificent normality. Statistical lists are at any rate all that can be offered, parcelled ideas and nebulous figures showing that there are more than 200 lakes and ponds, hundreds of Alpine pastures, innumerable clear mountain streams, the chalky white outline of towering mountain ranges and the fertile succulence of earthy brown plains; such lists reveal nothing of a Byzantine evening sky in South Carinthia, of the shimmering green softness of a sunrise reminiscent of the North in the Nock area, of the vague melancholy of the Rosental, of the pure simplicity of softly rounded hills in the lowlands, of village idylls and the leisurely pace of life in the small towns, intimations of another bygone age.

Similar is the fate of an attempt at unravelling the lines which give this land its intellectual and cultural mould. The existence or temporary presence of a few reasonably famous minnesingers in once ducal St. Veit and in the old Teutonic Order town of Friesach is frequently cited as evidence of literary traditions. But I regard as more momentous the fact that Carinthia had a socially motivated popular literature long before the obligatory exercises of so-called social revolutionary writers, this even having prompted an aristocrat with the delightfully indigent name of Tschabuschnigg to pose this social question in a 19th century novel. Nor is mention ever omitted of the various monasteries founded in Carinthia ever since the dawn of the 11th century, helping to shape the spiritual and politico-cultural life in the land for subsequent centuries. But the many nameless village communities which achieved a similar effect with far less outlay and with no propagandistic undertone are frequently still denied respectful reverence today.

This very modesty, this almost unique self-sufficiency in politico-cultural matters, too, is typical of the Carinthian. It should not, however, be misunderstood or mistaken for unimaginativeness or mental dullness. A continent like Carinthia is perfectly capable of conceiving of its own all the energy for its continuing development, the material perhaps somewhat less than the idealistic, the party political perhaps somewhat less than the timelessly ideological. Anyone regarding that as something negative should at some time cast more than a glance at the continuum called Carinthia.

La Carinthie

Décrire un livre d'illustrations sur la Carinthie n'est pas tellement une question de talent littéraire ou de finesse de style. Surtout si l'on tient compte que l'auteur joue avant tout un rôle de maître de cérémonie pour présenter une galerie de belles illustrations. C'est évident. Il s'agit avant tout d'une question d'honnêteté intellectuelle dans la description des événements culturels et socio-politiques. Ceci vaut pour toutes les descriptions qui ont pour but douteux de prôner les beautés d'un paysage et d'éviter les vérités désagréables avec un haussement d'épaules. Ceci concerne avant tout la Carinthie. Comme tout patriote qui aime son pays et qui ne veut dire de lui que du bien et des choses charmantes, j'ai hésité durant des années à dépeindre un livre d'illustrations sur la Carinthie. Et j'ai même hésité dans le cas particulier où il s'agissait de décrire une série de photographies concernant cette île au soleil en Europe centrale qu'est la Carinthie. Mon hésitation est tout à fait naturelle: je crains de ne pouvoir donner les plus importants aspects de ce que je pense être la vérité.

Pour moi, la Carinthie est avant tout un pays des révoltes paysannes, d'une opposition consciente d'elle-même, d'une majorité silencieuse se taisant volontairement face aux machinations machiavéliques d'une minorité agissant de l'extérieur et qui, avec ruse, violence, bassesse et de pieuses exhortations, s'est emparée de toutes les positions essentielles. Nulle part ailleurs dans les régions de langue allemande il n'y eut autant de révoltes paysannes, de résistance aussi opiniâtre contre le cléricalisme, la diplomatie de la curie, contre l'arrogance de l'aristocratie et la léthargie de la bourgeoisie. Mais nulle part ailleurs il n'existe autant d'opiniâtreté pour perpétuer des traditions et une culture ancestrales. Si depuis quelques décennies l'attention se porte sur un prétendu ou existant conflit d'une minorité qui, dans les cas les plus éloquents, n'est qu'un thème pour des figurants ambitieux, en réalité ce conflit n'existe pas. Il ne correspond guère au caractère des Carinthiens, qui ne sont ni de pure race allemande ni de pure race slave. Pendant que cette situation est discutée avec un vocabulaire usé à Vienne et à Laibach, une poignée de figurants en Carinthie même s'efforce pathéthiquement de se surpasser dans un sens ou dans l'autre. Pendant ce temps, personne ne s'aperçoit que le Carinthien de sang allemand, slave et latin n'a jamais accepté de seigneur au cours de sa longue Histoire et qu'il a toujours opposé une calme résistance à toutes les opinions religieuses et idéologiques qu'on voulait lui imposer de l'extérieur. Cette calme résistance n'est pas bruyante, elle n'est pas dramatique, mais elle est consciente et à la longue elle porte ses fruits. Parmi les dernières coutumes du culte celtique qui existent encore en Europe on en retrouve quelques-unes en Carinthie. Mais elles sont superficiellement camouflées par le culte chrétien. Et la fierté paysanne y était encore efficace, alors qu'ailleurs la paysannerie végétait depuis longtemps sans droit ni bonheur, dans un fatalisme amorphe. Cette fierté paysanne se reflétait dans des révoltes politiques contre l'injustice sociale, alors qu'ailleurs le prolétariat rural vivait dans de misérables villages et que l'idée d'autodétermination et d'indépendance y était impossible. Les protestants de Carinthie ont résisté avec le plus de succès à la Contre-Réforme catholique. Longtemps avant les amorphes formations et habitudes de la politique des partis à Vienne, les anciens sociaux-démocrates et les libéraux-nationaux de Carinthie formaient une véritable communauté d'opinions. Et l'histoire de la nomination de Klagenfurt comme capitale de la Carinthie montre à quel point le Carinthien peut être têtu ou conscient de lui-même. Il est donc évident qu'après la Ire Guerre mondiale et la chute de la monarchie des Habsbourg ce ne furent ni les Tyroliens, ni les Styriens ou les habitants de la Basse-Autriche qui s'opposèrent aussi farouchement à la perte de territoires ancestraux, mais bien les Carinthiens.

La vérité sans fard sur ce pays se trouvant comme une grande cuvette encaissée entre les massifs des Tauern et des Karawanken peut toujours paraître un peu chimérique. Toute la littérature sur ce thème et, pour autant qu'elle existe encore, toute la tradition orale, toutes les opinions politiques et culturelles ont toujours le même ton aimable et sentimental, comme celui que l'on entend dans les vieilles chansons populaires de la Carinthie. Et le souvenir de ce que j'ai vu depuis des décennies dans ce pays, de ce qui m'a impressionné et surpris, de ce que je contemple dans la nature de la Carinthie, avec la douce et sensuelle mélancolie de ses couleurs et de ses teintes, tout ceci rappelle à l'esprit un paradis connu depuis longtemps, avec de minimes petites fautes de tissage. Tout ceci donne l'impression d'une idylle chantée par mille voix dans les anciennes chansons vernaculaires.

Au fond, qu'est-ce que c'est la Carinthie? Un palimpseste comme chaque autre pays de vieille culture, dominé par les contradictions et les exhortations? Un malentendu des contemporains qui font l'erreur de croire qu'il suffit d'avoir le pouvoir politique pour régner sur l'âme des gens? Est-ce le panorama d'un pays alpin se présentant sous ses plus belles couleurs, avec de magnifiques levers de soleil et des tumultueuses tempêtes d'hiver secouant l'écheveau des arbres des forêts qui recouvrent le pays comme une seconde peau hirsute? Ou la Carinthie n'est elle simplement que le résultat douteux d'une évolution historique au début de laquelle on retrouve l'habituel mélange de peuples et d'opinions que l'on a pu plus ou moins bien résoudre ailleurs, tandis qu'ici il reste un sédiment de superstitions et une bizarre opiniâtreté nationale? La bouche homérique d'un conteur narrant en plusieurs variations les péripéties des destinées du pays suscite peut-être des dissonances dans la pensée de ceux qui l'écoutent, peut-être a-t-il un défaut de langage, de sorte que certaines choses concernant l'un ou l'autre peuple habitant au Nord et au Sud de la Drave leur semblent discordantes? Ou bien faut-il chercher la vérité dans le fait que la Carinthie en tant que notion politique et instrument moral subit en permanence la bonhommie romantique des habitants sachant eux-mêmes ce qu'il faut faire on ne pas faire, mais qui sont comme paralysés par les influences venant de l'extérieur? Il existe quelques preuves tragi-comiques de cette dernière constatation. La plus grande contradiction dans ce pays riche en contradictions est le fait que, par ses origines et sa moralité, le Carinthien est un paysan au caractère droit et honnête et qui s'est toujours fort bien opposé à toutes les vélléités insensées venant d'en haut et à tous les corps étrangers.

Mais il y a évidemment d'autres sources. Il faut les utiliser avec circonspection, car elles révèlent une Histoire rude et sans pitié. Il y a des faits historiques qui détruisent le slogan de la „Carinthie île de paix", qui nous révèlent que, depuis la fin du Moyen Age, il y eut toujours des révoltes paysannes brutales et désespérées. Des noms comme Peter Wunderlich, Christoph Gross et Georg Mur, des événements comme la résistance héroïque de l'été 1478, quand 400 paysans mal armés firent face aux Turcs faisant irruption dans le pays par Tarvis, alors que la noblesse et la bourgeoisie des villes se retiraient lâchement derrière les enceintes de leurs châteaux et de leurs villes. Il y a aussi les remarques d'un certain Edmund Aelschker. Il y a environ cent ans, il constatait avec satisfaction qu'en 1478, après le départ des Turcs, on put enfin se débarrasser des chefs des milices paysannes, en les emprisonnant et en les exécutant. Tout ceci n'est bien sûr qu'un répertoire superficiel dicté par la colère et que l'on ne trouve qu'imparfaitement ou pas du tout dans un livre sur la Carinthie.

C'est grotesque, mais il faut constater que la remarque générale disant que ce pays n'a jamais vraiment connu la guerre est exacte. On dit également que la poignante mélancolie et le ton tragique que l'on entend depuis des générations dans les chansons carinthiennes ainsi que le caractère rêveur des habitants sont dus au sang et à la mentalité slaves des Carinthiens. Quelle ineptie! Comme si, après des siècles, le peuple pouvait oublier les mauvaises expériences faites avec les puissants de ce monde et qui sont ancrées dans son subconscient. Et comme si le caractère des gens pouvait être différencié en une moitié slave et une moitié allemande, en une sensibilité slave et une sensibilité allemande. L'individu est impartageable, on ne peut partager ni sa sensibilité ni son âme.

Il n'y a pour ainsi dire aucun exemple dans l'une ou l'autre région européenne dont on peut affirmer que sa capitale doit son existence à une révolte paysanne ayant tout à fait le caractère d'une rébellion sociale. Cette rébellion ne put être que difficilement matée, et il y eut des complications. Les événements dont je vous parle se passèrent au début du 16ᵉ siècle. Une fois de plus, des révoltes paysannes éclatèrent en Carniole, dans le Sud de la Styrie et dans le Sud de la Carinthie. Comme toujours, elles étaient dues à l'exploitation éhontée des paysans par l'aristocratie et le clergé. Le 1er juin 1515, plus de 3000 paysans fondèrent une association, une sorte de milice paysanne pour lutter contre l'arbitraire de la classe dirigeante. Deux paysans du Sud de la Carinthie, Christoph Gross et Georg Mur furent élus chefs militaires.

Ce mouvement prit rapidement de l'ampleur et gagna bientôt le haut de la Carinthie. Il y eut tout d'abord des succès militaires et idéologiques. Jusqu'au jour où les Etats généraux de Carinthie, l'aristocratie et le clergé firent appel à une compagnie de mercenaires impériaux pour mater la rébellion. Tous les points d'appui des paysans furent conquis petit à petit. St. Veit, qui était la capitale de la Carinthie à cette époque, hésita à ouvrir les portes de la ville à ces mercenaires, qui étaient de véritables massacreurs de paysans. Non pas parce que la bourgeoisie avait beaucoup de sympathie pour les pauvres paysans qui se faisaient massacrer par douzaines, mais parce qu'elle craignait les mercenaires et avait peur de perdre quelques-uns de ses «beaux» privilèges.
De son côté, la noblesse appuyée par le clergé vit dans cette attitude un crime politique. On fit donc appel à l'empereur. A cette époque, c'était Maximilien, que l'on ne peut vraiment s'imaginer comme «dernier chevalier». On s'adressa donc à Maximilien pour lui demander de déchoir la ville récalcitrante de St. Veit et de faire de Klagenfurt, une agglomération qui venait d'être détruite par un incendie, la capitale de la Carinthie.
Maximilien accepta cette requête. C'était en 1518. Mais les habitants de Klagenfurt craignaient de perdre leurs libertés. Une délégation de la ville se rendit à Wels, auprès de l'empereur. Mais celui-ci mourut avant d'avoir pu donner suite à cette requête de surseoir à cette décision. C'est ainsi que Klagenfurt devint la capitale de la Carinthie. Depuis longtemps, le sort des paysans n'intéressait plus personne.
Malgré tout, les Carinthiens sont célèbres pour leur sensibilité, pour leur talent artistique et pour leur musicalité. Ils peuvent exprimer les sentiments les plus tendres avec beaucoup d'expressivité et peuvent être comparés avec succès à tout ce qui existe dans la culture occidentale. Malgré tout, le caractère du Carinthien est doux et câlin. C'est un être émotif et qui souffre le plus de la nostalgie et du mal du pays. Il s'oppose également et passionnément à la destruction de son environnement. C'est un cliché usé, mais celui qui veut jeter un coup d'œil sur l'âme de ce peuple doit écouter ses chansons et admirer sa musicalité. Ce n'est qu'alors, en tenant compte de l'opiniâtreté et de l'amour du sol natal du Carinthien – ce qui n'est pas une phrase, dans une région où l'amour du sol natal est une sorte de religion – que l'on pourra découvrir l'âme de la Carinthie. Cette concordance de choses qui semblent dissonantes est le secret auquel le Carinthien doit son opiniâtreté et aussi son insouciance. Au fond, cette insouciance n'est-elle qu'un camouflage? Depuis des générations, dans certaines régions de la Carinthie le nombre des enfants illégitimes est très important. Autre face de la médaille: on y enregistre également un nombre sans cesse croissant de suicides.
Mais les belles photos en couleurs ne peuvent illustrer les récits et anecdotes si instructifs du point de vue historique et social, ni la misère sociale dans laquelle vécurent les ouvriers journaliers, le prolétariat rural et les petits paysans

jusqu'au seuil du 20e siècle. Elles ne peuvent illustrer l'opiniâtreté des premiers sociaux-démocrates qui s'établirent en Carinthie lors de la construction de la ligne de chemin de fer du Sud, via Marbourg et Tarvis, au 19e siècle, ni la domination intellectuelle et affective qu'exerça le clergé jusque dans la seconde moitié du 19e siècle sur ce pays prétendument libéral, domination qui avait certains traits jésuitiques d'une part et qui obéissait d'autre part à certaines influences politiques et religieuses venues de l'extérieur. Toutefois ces photos ne mentent pas en présentant une Carinthie idyllique, parfois même somnambule. Un pays dont un Dieu de la lumière et des vives couleurs peut prétendre qu'il est le sien. Dans ces régions aux nouvelles constructions parfois barbares, au pied du massif des Tauern, du Nockberg et des Karawanken, on peut encore voir et sentir deux choses: le souffle sombre de l'Histoire, en Carinthie c'est celle souvent méconnue des opprimés et des sans-droits, et aussi toute la sensualité et la beauté du paysage. Le caractère de ce paysage est inéluctablement rural, mais sans rudesse ni vulgarité. Et celui qui a un sens particulièrement aigu de la justice peut se rendre dans un vieux cimetière. Il verra ainsi que la petite noblesse et les paysans, les prêtres et les domestiques, les Slovènes et les Frioulans, les Allemands et les épaves des guerres lointaines, les bourgeois cossus et la petite bourgeoisie, les sociaux-démocrates, les libéraux-nationaux et les chrétiens-sociaux y reposent côte à côte et attendent patiemment leur résurrection. Dans ce pays, il semble que l'on s'efforce d'utiliser les contradictions pour les faire mousser et qu'après un certain temps on les laisse tomber.

Durant plus d'un millénaire, le Carinthien s'est toujours farouchement opposé à toutes les formes d'oppression. Les pieux murmures dans les églises, les chants liturgiques à quatre voix et les chœurs d'hommes ne furent souvent qu'un camouflage de la colère. De cette colère que les opprimés ressentent envers les privilégiés et ceux qui les oppriment. Mais la colère était oubliée dès l'instant où l'égalité de la mort faisait son apparition. Le Carinthien n'est pas vindicatif; il a le cœur généreux et cherche toujours quelque chose de lui-même dans le regard de son adversaire. Ses passions mythiques sont en rapport avec son incompréhensible naturel qui se rapproche d'une nature incompréhensible. Cette mélancolie inassouvie fait du Carinthien un être à part parmi les peuples de langue allemande et, pour autant qu'il soit Slovène, un être à part parmi les peuples slaves. La Carinthie est un continent entre les peuples. Et les gens qui vivent ici, même s'ils sont venus d'ailleurs, ont un caractère tout à fait individuel et particulier – et l'on ne sait trop bien s'il faut dire caractère ou sensibilité.

Naturellement, dans une préface comme celle-ci, il faut faire allusion au passé illyrien et celtique, romain, slave et bajuvare de la Carinthie. Mais si l'on contemple le paysage du haut d'une montagne de Carinthie, sur le sommet plat du Magdalensberg, ou d'une terrasse boisée ressemblant à une sombre cascade

verte, s'élançant du haut de la Soboth et plongeant dans les vallées de la Lavant et de la Drave; et si l'on voit le paysage mouvant glissant sous les pieds, avec un ciel couleur aigue-marine et des nuages effilochés, ou bien sous le vent et les brumes d'automne donnant toutes les teintes de la palette . . . les péripéties de l'Histoire n'ont plus la même importance qu'auparavant. On se rend compte que les différentes cultures s'y donnent rendez-vous depuis des siècles.
La preuve – ni la seule ni la plus spectaculaire – le «Dreinagelfreitag», la «Course des trois montagnes» ayant lieu tous les ans le deuxième vendredi après Pâques. On peut y voir de vieilles coutumes celtiques de la fécondité, des coutumes slaves et des mythes germaniques. Une autre preuve: le pèlerinage à la cathédrale romane de Gurk, un sanctuaire ayant une ambiance méditerranéenne. Alors que jadis ce pèlerinage était essentiellement slovène et reflétait des rites de l'Eglise byzantine et de l'Eglise d'Occident. Les autres preuves concernent également des coutumes ancestrales, des contes et des légendes. Parmi celles-ci, certaines se perpétuent depuis des siècles et ont pris une gangue chrétienne. Mais il suffit de gratter le vernis et l'on s'aperçoit qu'il s'agit des mythes les plus anciens.
A la longue, le danger du conteur de vieilles histoires réside toujours dans le risque de raconter des mensonges que l'on prend pour argent comptant. Ces mensonges concernent le paysage, la poésie d'une nature que l'on prétend intacte, qui n'a pas encore été sacrifiée au tourisme. Avec le mythe d'un peuple qui n'a pas encore l'intention de présenter ses coutumes au cours de soirées folkloriques, pour des vacanciers qui les paient à bon prix. Il s'agit ici d'une chaîne fatale de mensonges et d'irritations ayant tous le même point de départ: les souvenirs à moitié enfouis de tout ce qui a contribué à faire le portrait contemporain de la Carinthie, ce qu'elle est de nos jours. Ce pays exerce une grande fascination intellectuelle, à tel point qu'on le décrit non seulement comme le pays du chant, mais aussi comme celui des peintres et des poètes. Ce qui n'est qu'un aspect parmi tant d'autres. L'histoire du Carinthien modeste et soumis que décrivent souvent certains historiens et littérateurs agissant dans un but politique est autre chose.
Outre ce qui est enraciné et décrit dans l'Histoire officielle, il y a encore des légendes dans lesquelles on peut apprendre tout ce qui est officiellement caché. Je ne sais pas si la Carinthie est vraiment un mythe comparable à celui de la Crète où, dès les âges les plus anciens, on voyait une foule de Dieux, d'idéologies et de points culminants dans la culture et la civilisation. Tous les mythes concernant la Carinthie nous viennent indirectement. En ce qui concerne l'idéologie, le fait qu'il s'agit ici d'un pays de frontières et aussi d'un état permanent de peurs inhérentes à l'existence a joué un grand rôle. Au point de vue historique et au cours de leurs pérégrinations militaires, économiques et culturelles, les Celtes et les Romains, les peuples slaves et germaniques qui s'établirent dans les limites naturelles de ce pays jusqu'au 7ᵉ

siècle et même jusqu'au 8e siècle, les représentants des cultures éteintes et dont il existe encore de nombreux témoignages, y ont laissé des traces. Tous formaient le soubassement plus ou moins exotique de vieilles coutumes qui ne peuvent vraiment influencer notre époque. C'est sur cet humus historique que se fit la reconquête chrétienne du pays par les Bajuvares et que ce pays fait partie de l'Occident. Cette reconquête fut faite par des moines et des soldats envoyés dans le Sud-Est. Et tout ce qui pouvait exister auparavant, la misère et la discorde, la créativité, le culte et l'humilité, se perdit dans les brumes du passé, même s'il ne s'agissait que d'un éternel recommencement.

Je sais pertinemment bien que je simplifie les choses, comme le fait celui qui ne donne qu'un aperçu superficiel et que l'on peut retrouver dans toutes les bonne bibliothèques. Ce qui me manque encore et ce que je veux essayer de décrire, c'est la biographie des paysans carinthiens, des mineurs, des charretiers, des bûcherons, des ouviers journaliers et de tout ce qui formait le prolétariat rural de la Carinthie. Au début, ce prolétariat rural avait encore beaucoup de pouvoirs politiques, des biens matériels et une culture. Jusque vers l'an 1000, quand passa le seconde vague de christianisation du pays qui, petit à petit, devint bureaucratique, avec une mentalité de fonctionnaire, une christianisation qui recouvrit tout ce qui existait en profonde fantaisie. La belle allégorie ayant une vérité historique et qui veut que les ducs de Carinthie devaient se présenter au peuple sur le Zollfeld, un lieu qui fut toujours le centre culturel et politique du pays et où, assis sur le siège des ducs, ceux-ci devaient jurer de respecter les libertés paysannes, n'eut aucune suite positive ou pédagogique. Et le fait qu'il y avait en Carinthie une noblesse paysanne, une aristocratie terrienne n'y changea rien. Jusqu'au 19e siècle et même jusqu'au 20e siècle, cette élite paysanne influença le milieu rural et put perpétuer cette culture paysanne et cette moralité qui caractérisent la Carinthie. Et, si l'on avance d'un pas dans l'évolution actuelle, on peut faire la constatation lapidaire que, dans la société, toutes les principales positions sont occupées par des gens venant d'un milieu rural; sauf quelques exceptions où il s'agit de la petite bourgeoisie des villes. D'autre part, ce n'est pas par hasard que presque tout les fonctionnaires de Carinthie, les artisans, les ouviers de l'industrie, les intellectuels et les artistes ont une parenté avec les milieux paysans. Il n'y a donc aucun danger de perdre pied.

A cette description, il faut encore ajouter celle du paysage et que l'on ne peut mettre en doute. Ce paysage qui donne tant d'impressions aux peintres, aux photographes et aux littérateurs et qui, de nos jours, est si bien mis en évidence par la publicité touristique. Tous les dépliants concernant la Carinthie vantent son excellent climat, sa nature idyllique, ses beaux lacs aux eaux limpides, la douceur et la tranquillité des alpages ou les joies de la neige poudreuse. Depuis vingt ans, ces descriptions ont largement dépassé toutes les autres formes de littérature. Et si l'on ajoute foi à ces louanges ayant évidemment un but matériel, on s'aperçoit qu'elles touchent de très près à la réalité de la Carinthie. Il faut dire que ce pays peut subir toutes les comparaisons avec succès et qu'il les dépasse à plusieurs points de vue. Il dépasse même ce que les vacanciers attendent de lui. Il punit le photographe qui n'a pas une vue nette, dénonce comme charlatans les talents lyriques médiocres et semble être une scène sur laquelle les coulisses ne sont que de précieuses pièces dans un décor dont les toiles chatoyantes et colorées dépassent l'imagination. Ne parlons pas de l'usure des temps, de la destruction par les influences de l'environnement, des dépotoirs, du béton détruisant un paysage homogène ni de l'aspect des villes.

Quand on est Carinthien, on est pensif, sensible et sceptique et toujours prêt à défendre ce pays contre ceux qui en font outrageusement les louanges ou contre ses contempteurs. Mais, avec le temps, on apprend que ce charme bien structuré, cette architecture géniale, ce paysage décrivant les diverses étapes de la vie, ces contours d'un bleu clair et d'un vert sombre sont en union personnelle avec l'âme de la Carinthie. On apprend également que les éloges des dépliants touristiques confirment cette sensibilité et mettent en équilibre la magnifique normalité de ce pays. De toute façon on ne peut que citer des chiffres statistiques: il y a ici plus de 200 lacs et étangs, des centaines d'alpages, une quantité de torrents de montagne, les parois blanchâtres des monts calcaires et les plaines fertiles dans les vallées. On peut également dépeindre le crépuscule aux couleurs byzantines du Sud de la Carinthie, la douceur de l'aurore nordique dans la région du Nock, la mélancolie un peu somnambule du Rosental, la simplicité des douces collines dans le bas du pays, les idylles villageoises et le sympathique confort des petites villes semblant sorties des temps révolus.

On pourrait également essayer de définir les tendances de l'esprit qui forment le croquis intellectuel de ce pays. L'existence et la présence plus ou moins longue de troubadours en Carinthie, dans l'ancienne ville ducale de St. Veit, à Friesach, vieille ville des Chevaliers de l'Ordre teutonique, sert souvent de preuve pour la tradition littéraire de la Carinthie. Ce qui me semble plus important, c'est qu'en Carinthie on enregistre très tôt l'existence d'une littérature à la fois populaire et sociale. Au 19e siècle, un noble au nom typiquement carinthien de Tschabuschnigg écrivit un roman dans lequel il pose la question sociale, longtemps avant les éructations d'écrivains prétendument sociaux-révolutionnaires. Et l'on ne peut oublier que toute une série de monastères fut fondée en Carinthie au début du 11e siécle. Durant des siècles, ces monastères influencèrent profondément la vie culturelle du pays. Les nombreuses communautés villageoises ayant eu la même influence, mais sans sous-entendu de propagande, sont cependant trop souvent restées dans l'ombre.

Mais c'est précisément cette modestie et cette sobriété au point de vue culturel qui sont particuliers à la Carinthie. Mais il ne faut pas confondre ceci avec un manque d'imagination ou une arriération mentale. Un continent comme la

Carinthie peut fort bien réunir de soi-même toutes les forces culturelles nécessaires pour l'avenir. Matériellement, peut-être moins bien qu'au point de vue des notions de l'esprit, politiquement peut-être un peu moins bien qu'au point de vue de l'idéologie. Celui qui pense que c'est négatif n'a qu'à jeter un coup d'œil sur la continuité de la Carinthie.

In den Tälern der Drau, Möll, Malta und Gail

In the valleys of the Drau, Möll, Malta and Gail

Dans les vallées de la Drave, de la Moell, de la Malta et du Gail

In Heiligenblut ziehen nach altem Brauch in der Nacht vor dem Dreikönigstag die „Lichtbringer mit Stern und Latern" mit Liedern und guten Wünschen in nachbarliche Häuser

The Heiligenblut carol singers

Les chanteurs de l'Epiphanie à Heiligenblut

Im Sommer 1800 standen erstmals Menschen auf dem höchsten Gipfel der österreichischen Alpen, dem 3798 m hohen Großglockner

At an altitude of 3,798 m., the Grossglockner is Austria's highest mountain

Le Grossglockner culmine à 3798 m. C'est la plus haute montagne d'Autriche

1

2

3

Bereits zur Römerzeit führte ein Weg vom Mölltal über das Hochtor ins Salzburger Land, etwa dort, wo seit 1935 die Großglockner-Hochalpenstraße den Alpenhauptkamm überquert. Blick vom Hochtor zum Wallackhaus (3)

The Grossglockner Alpine road by the "Wallack-haus" (3)

La route alpine du Grossglockner près de la Wallackhaus (3)

Heiligenblut, schon im Mittelalter zur Hochblüte des Bergbaues bedeutend, ist heute ein international beliebter Urlaubsort – die harte Arbeit der Bergbauern am Rande ist jedoch geblieben (4); Kruzifix an einem Bauernhaus an der Großglocknerstraße (1); Bauernzaun im unteren Mölltal (2)

4. Mountain farmers at their arduous task near Heiligenblut. Crucifix on a farmhouse on the Glockner road (1); farm fence in the lower Mölltal (2)

4 Le dur labeur des paysans de montagne près de Heiligenblut. Crucifix sur une maison de paysans, route du Grossglockner (1); clôture d'une ferme dans le Moelltal inférieur (2)

Die Pfarrkirche St. Vinzenz in Heiligenblut mit ihrem spätgotischen Altar ist seit Jahrhunderten Ziel vieler Wallfahrer. Auch aus dem Salzburger Land kommen sie noch immer jährlich über die Hohen Tauern

For centuries the parish church of St. Vincent in Heiligenblut, with its late gothic altar, has been the destination of numerous pilgrims

Eglise paroissiale de St. Vincent à Heiligenblut, avec maître autel en gothique flamboyant. Depuis des siècles, c'est un lieu de pèlerinage

1

2

3

1 Altes, mit Holzschindeln gedecktes Bauernhaus oberhalb Heiligenblut; 2 „Tafernigmarterl" bei Winkl an der jungen Möll; 3 An den steilen Hängen im Mölltal stehen die windfesten „Harpfen" oder „Hilgen" zum Trocknen von Getreide; hauptsächlich Gerste und Hafer

1. Farmhouse above Heiligenblut; 2. Crucifix near Winkl. 3. The steep slopes in the Mölltal are dotted with these wind-proof racks for drying the crops, mainly oats and barley

1 Maison paysanne au-dessus de Heiligenblut; 2 Crucifix à Winkl. 3. Ces espaliers pour sécher l'orge et l'avoine se trouvent sur les pentes raides du Moelltal

1

2

1 Aus dem Freskenzyklus von Thomas von Villach (um 1470) in der Kirche St. Georg in Gerlamoos im Drautal. 2 Nur an einem Platz in Mitteleuropa wächst die Gelbe Alpenrose (Rhododendron luteum) wild: nahe Pusarnitz im Drautal. 3 Die Pfarrkirche Maria Dornach in Kamering unweit von Feistritz an der Drau

1. Frescoes by Thomas von Villach in Gerlamoos church. 2. The yellow Alpine rose grows near Pusarnitz. 3. Kamering parish church

1 Fresques de Thomas de Villach dans l'église de Gerlamoos. 2 Les rhododendrons jaunes fleurissent près de Pusarnitz. 3 L'église paroissiale de Kamering

3

1

2

3

Der Millstätter See (1) ist mit 141 m der tiefste der Kärntner Seen. Millstatt am Nordufer ist im besonderen berühmt durch die ehemalige Stiftskirche mit dem plastischen Schmuck ihres romanischen Portals (2) und Kreuzganges (3, 4)

The collegiate church of Millstatt on the Millstätter See (1) with Romanesque portal (2) and cloisters (4)

L'abbatiale de Millstatt au bord du lac de Millstatt (1) avec un romantique portail (2) et un cloître (3, 4)

Die Emberger Alm unter der Hochtristen gegen die Gailtaler Alpen →

Emberger Alm below the Hochtristen, looking towards the Gailtal Alps

L'alpage Emberger Alm au-dessous du Hochtristen en direction des Alpes du Gailtal

Schloß Porcia in Spittal an der Drau. Außer einigem späterem Dekor, wie den Skulpturen über dem Portal, hat sich die Baugestalt dieses herrlichen Schlosses im Stil italienischer Renaissance rein erhalten. Es wurde unter den Grafen Salamanca im 16. Jh. gebaut, später von den Fürsten Porcia übernommen

The Renaissance-style Porcia Palace in Spittal an der Drau

Le château Renaissance de Porcia à Spittal an der Drau

Zwischen der Goldeckgruppe und den Gailtaler Alpen liegt der Weißensee, ein trotz seiner Höhenlage von 930 m wegen geringer Durchflutung warmer Badesee

The Weissensee between the Goldeck range and the Gailtal Alps

Le lac Weissensee entre le massif du Goldeck et les Alpes du Gailtal

2

1 Das Observatorium auf dem 3105 m hohen Sonnblick in den Hohen Tauern ist die älteste und höchste ganzjährig besetzte Gipfelwetterwarte der Alpen.
2 Die Ankogelbahn in Mallnitz erschließt ein weiträumiges Skigebiet

1. The observatory on the Sonnblick (3,105 m.) in the Hohe Tauern. 2. The Ankogel cableway in Mallnitz provides access to an extensive skiing area

1 L'observatoire sur le sommet du Sonnblick, 3105 m, dans le massif des Hohen Tauern. 2 Le téléphérique de l'Ankogel à Mallnitz

2

Kärntens „Blaue Blume", die rätselvolle Wulfenia carinthiaca (1), auch Kuhtritt genannt, blüht nur im Raum um den Gartnerkofel in den Karnischen Alpen, Wulfenia-Arten noch an fünf Plätzen der Erde. Auch das mit stahlblauen Hüllblättern faszinierende Mannstreu (Eryngium alpinum) (2) wächst in den Karnischen Alpen, im Plöckengebiet. Das späte Licht der Wintersonne auf den Gipfeln der Karnischen Alpen hoch über dem nebelbedeckten Gailtal (3)

Wulfenia carinthiaca (1) and Eryngium alpinum (2) in the Carnic Alps. The Gailtal wreathed in mist (3)

Wulfenia carinthiaca (1) et Eryngium alpinum (2) dans les Alpes carniques. Brume dans le Gailtal (3)

3

1

2

3

Der Zeit von Gotik und Spätgotik entstammen die kostbaren Schätze, die in den Pfarrkirchen des Gailtales gehütet werden:
1 Netzrippengewölbe in Kötschach, geschaffen von Bartlmä Firtaler. 2 Fresken von Thomas von Villach in Thörl-Maglern. 3 Madonna von der Marienkrönung des Flügelaltars in Maria Gail aus der Friesacher Werkstatt. 4 Die „Kösen", errichtet zum „Reifen und Trocknen von Ähre und Halm", gehören – wie auf dem Bild bei Gundersheim – zum Landschaftsbild im oberen Drautal und Gailtal

1. Net rib vaulting in Kötschach parish church. 2. Frescoes by Thomas von Villach in Thörl-Maglern church. 3. Madonna on the winged altar-piece in Maria Gail. 4. Corn-drying racks in the Gailtal

1 Voûte à nervures dans l'église paroissiale de Kötschach. 2 Fresques de l'église de Thörl-Maglern, de Thomas de Villach. 3 Madone de l'autel à volets à Maria Gail. 4 Les «Kösen» servent à sécher le blé et le foin

Kurz nachdem die Malta am Ankogel entspringt, wird sie zweimal gestaut – die Speicher Kölnbrein (2) und Galgenbichl speisen eines der größten Kraftwerke der Alpen, die „Kraftwerksgruppe Malta" –, dann bahnt sie sich weiter ihren Weg über hohe Felsen und durch enge Schluchten (1), bis sie am Fuße der Burgruine Gmünd (3) mit der Lieser zusammentrifft.
4 Das Jagdschloß Dornbach im unteren Maltatal. Die ursprünglich gotische Wasserburg wurde im 16. und 17. Jh. umgestaltet

2

3

4

Kölnbrein dam (2), Gmünd castle ruins (3) and Dornbach hunting lodge (4) in the Maltatal (1)

Le barrage de Kölnbrein (2), ruines du château de Gmünd (3) et château de Dornbach (4) dans le Maltatal (1)

Im „Tal der stürzenden Wasser“: über zwanzig Wasserfälle begleiten den Flußlauf der Malta

In the “Valley of the Rushing Water”: over twenty waterfalls accompany the Malta on its course

Dans la “vallée des cascades”: plus de vingt cascades se trouvent sur le cours de la rivière Malta

Die Landeshauptstadt

The provincial capital

La capitale de la Carinthie

Das Landhaus am Alten Platz (in der Bildmitte) wurde Ende des 16. Jh.s im Auftrag der Stände an der Stelle, an der die alte herzogliche Wasserburg abgebrannt war, errichtet

The late 16th century "Landhaus" in Klagenfurt

Le Palais de la Diète à Klagenfurt fut construit à la fin du 16e siècle

1

2

3

4

5

1 Der um 1590 am Neuen Platz errichtete Lindwurm, Klagenfurts Wappentier, erinnert an die Sage um die Gründung der Stadt. 2 – 4: Biedermeier-, Rokoko- und Jugendstilfassaden bestimmen das heitere Gesicht des Stadtkerns. 5 Zur Erinnerung an die Pest, die von 1679 bis 1680 in der Stadt wütete, wurde 1680 die Dreifaltigkeitssäule errichtet

1. The dragon, symbol of Klagenfurt. 5. The plague column in the "Alter Platz"

1 Ce Dragon est le symbole de Klagenfurt. 5 La Colonne de la Peste sur la Alter Platz – la Vieille Place

Die Dom- und Pfarrkirche Hll. Petrus und Paulus, im Auftrag von Landständen als protestantische Predigerkirche 1582 erbaut, ist die früheste Wandpfeilerkirche Österreichs. Nach einem Brand im Jahre 1723 erhielt sie ihre heutige Ausstattung. Seite 71: Der Hochaltar mit einem Altarblatt von Daniel Gran

The cathedral and parish church of St. Peter and St. Paul, built in 1582, is Austria's earliest pilaster church

La cathédrale et église paroissiale de Saint Pierre et Saint Paul fut construite en 1582. C'est la plus ancienne église à piliers muraux en Autriche

175
180
469

Bauwerke aus aller Welt wurden in Miniatur nachgebaut (auf dem Bild: San Marco, Venedig 2) für „Minimundus“ beim Europapark in Klagenfurts Erholungsraum zwischen Stadtrand und Wörthersee-Ostbucht (3, 4) und dem Lendkanal im Süden (5). Ostafrikanisches Dreihorn-Chamäleon (1) aus dem Reptilienzoo neben Minimundus

"Minimundus" (2) and reptile zoo (1) at the "Europapark" near the eastern bay of the Wörthersee (3, 4)

Le Monde en miniature (2) et le Zoo des reptiles (1) près du Parc de l'Europe, à proximité de la baie est du lac de Wörth (3, 4)

3

4

5

Der große Wappensaal mit 665 Wappen der Kärntner Landstände aus dem 18. und 19. Jahrhundert im Landhaus

The large armorial hall in the "Landhaus"

La grande salle des blasons, Palais de la Diète

Südliches Unterkärnten

Southern Lower Carinthia

Au Sud de la Basse-Carinthie

Deckenbild von J. F. Fromiller in der ehemaligen Stiftskirche des Benediktinerklosters Ossiach am Südufer des Ossiacher Sees

Ceiling fresco by J. F. Fromiller in Ossiach collegiate church

Fresque de plafond de J. F. Fromiller, dans l'abbatiale d'Ossiach

1

2

3

Etwa zweihundert Seen hat die Eiszeit in Kärnten hinterlassen; viele, wie auch der Faaker See (1), laden mit Wassertemperaturen bis 26° C ein zum Baden.
Am Felsen hoch über dem See steht die Burgruine Finkenstein. Auf dem einzigen erhaltenen Schutztor (3) ist das Wappen der Dietrichstein erkennbar.
Die Stadtpfarrkirche Heiligenkreuz (St. Peter) in Villach ist einer der wenigen stilreinen spätbarocken Bauten des Landes (4). Ecce-homo-Gruppe über dem Portal (2)

Gate to Finkenstein ruins (3) above the Faaker See (1). The late Baroque parish church of Heiligenkreuz in Villach (2, 4)

Portail des ruines de Finkenstein (3) au dessus du lac de Faak (1). Eglise paroissiale de la Sainte Croix (à Villach) fin de l'époque baroque (2, 4)

1

2

Das Klagenfurter Becken ist ein Schulbeispiel der Temperaturumkehr: während Winterkälte sich noch im Tale staut, blüht am warmen Felsen der Gerlitzen die ansonsten viel weiter südlich beheimatete Frühlings-Lichtblume (Bulbocodium vernum) (1). Blick von der Gerlitzenstraße auf den Ossiacher See (3) und übers neblige Drautal (2)

Bulbocodium vernum (1) growing on the Gerlitzen (2) on the banks of the Ossiacher See (3)

Fleur printanière (Bulbocodium vernum) (1) sur le Gerlitzen (2) sur la rive du lac d'Ossiach (3)

3

1

3

4

2

5

Aus dem 19. Jahrhundert – der Zeit, als der Großteil der Holzgehöfte durch gemauerte Bauten ersetzt wurde – stammen die mit Ziegeln kunstvoll gestalteten Lüftungsgitter der Scheunen im Kärntner Unterland: 1 in Mieger, 2 Siegergut bei Maria Feicht, 3 und 5 bei Niederosterwitz, 4 bei Sittersdorf, 6 in Krumpendorf, 7 bei Arndorf

The ventilation gratings of barns in Lower Carinthia were ingeniously formed from bricks

6

7

Wiesen und Felder rund um Klagenfurt im Kreis der Jahreszeiten →

Fields and meadows around Klagenfurt

La campagne aux environs de Klagenfurt

Bildstöcke, einst als Wegzeichen errichtet, sind im Alpenraum weit verbreitet. Von den etwa sechstausend Stück, die in Österreich stehen, befinden sich allein in Unterkärnten rund 1200 und 300 im Kärntner Oberland.
Bildstöcke bei Reisach im Gailtal (1), in Kirschenheuer im Rosental (2), bei Trettnig (3), nahe Eberndorf (4), am Ostrand von Ferlach (6), beim Völkermarkter Stausee (5)

Originally put up as signposts, wayside shrines are widespread throughout the Alpine area. Of some six thousand to be found in Austria 1,200 are in Lower Carinthia and 300 in the Carinthian uplands

Les montjoies étaient jadis des jalons le long des chemins. On les trouve presque partout dans les Alpes. Il y en a 6000 en Autriche, dont 1200 en Basse-Carinthie et 300 en Haute-Carinthie

2

3

5

4

6

Der Völkermarkter Stausee. Auf ihrem Weg durch das Kärntnerland wird die Drau siebenmal gestaut. Die Werke, die ihre Kräfte nutzen, erzeugen mehr als das 1,5fache des Kärntner Stromverbrauches

On Völkermarkt reser-

1

2

1 Die Pfarrkirche von Maria Wörth am Wörther See. Die felsige Halbinsel, auf der sie steht, gab dem See seinen Namen: Werd-See heißt Inselsee.
2 Wie schon zur Jahrhundertwende, empfehlen sich die Orte rund um den See für „noble Sommerfrische". Tor zum Schloßhotel in Velden

1 The parish church of Maria Wörth on the Wörther See. 2 Entrance to the "Schloßhotel" in Velden
1 L'église paroissiale de Maria Wörth au bord du lac de Wörth. 2 Entrée du Schlosshotel à Velden

→
Stimmungen am Wörther See im Jahreslauf: in der Ostbucht (1, 2), bei Pörtschach (3) und in der Veldener Bucht (4)

The Wörther See in different moods

Ambiance au lac de Wörth

1

2

3

4

1

5

2

3

4

6

7

Die Besonderheit des Kärntner Klimas und die Vielfalt der Bodenbeschaffenheit lassen seltene Pflanzen wachsen. Interessant sind auch jene, die in unvergletscherten Gebirgsteilen der Südalpen, wie den Karawanken, die Eiszeiten überdauern konnten:
1 Krainer Lilie (Lilium carniolicum); 2 Obir-Steinkraut (Alyssum ovirense); 3 Karawankenveilchen (Viola zoysii); 4 Zoys' Glockenblume (Campanula zoysii); 5 Kerners Alpenmohn (Papaver Kerneri); 6 Fröhlichs Enzian (Gentiana froelichii); 7 Wulfens'-Primel (Primula wulfeniana).
8 Der Loiblbach bahnt sich seinen Weg durch die wildromantische Tscheppaschlucht in den Karawanken

1–7. Many interesting plants grow in the Karawanken. 8. Loiblbach stream in the Karawanken

1–7 Une flore très intéressante pousse dans la chaîne des Karawanken. 8 Le Loiblbach, un torrent des Karawanken

2

1 Das ehemalige Eingangsportal an der Südseite von Schloß Hollenburg, eine der bedeutendsten Burgen des Landes, oberhalb des Ferlacher Stausees gelegen. Bereits 1142 wurde sie erstmals als „Hollenburch" erwähnt.
2 Blick zur Koschuta vom Weg aus dem Bodental zur Klagenfurter Hütte

1. Former entrance portal to Hollenburg Castle above the Ferlacher reservoir. 2. The Koschuta in the Karawanken

1 L'ancien portail du château de Hollenburg, au-dessus du lac de barrage de Ferlach. 2 La Koschuta dans les Karawanken

Bauernhaus (1) und Bienenhütte (2) in St. Margareten im Rosental. Das Bemalen von Bienenstockbrettln mit volkstümlichen Motiven – für Kärnten typisch – geht auf slowenische Einflüsse zurück.
3, 4 Im Hof der Moosburg im Wölfnitztal. Westlich des Gebäudes, wo sich das im frühen 16. Jahrhundert gebaute Schloß erhebt, stand einst eine Karolingerpfalz, die möglicherweise bereits 879 als „Mosapurch" urkundlich erwähnt wurde

Farmhouse (1) and beehive (2) in the Rosental. In the courtyard of Moosburg castle (3, 4) in the Wölfnitztal

Maison paysanne (1) et ruche (2) dans le Rosental. Dans la cour du château de Moos (3, 4) dans le Wölfnitztal

2

3

4

Marienkrönung vom Hochaltar (1622) der ehemaligen Stiftskirche Viktring. Die Darstellungen auf den gotischen Chorfenstern im Hintergrund gehören zu den besten ihrer Art

The Coronation of Mary from the high altar (1622) of Viktring collegiate church

Le Couronnement de Marie, maître-autel (1622) de l'abbatiale de Viktring

Im Lavanttal

In the Lavanttal

La vallée de Lavant

Blick von der Saualpe gegen die Julischen Alpen

View from the Saualpe towards the Julian Alps

Vue prise de la Saualpe en direction des Alpes juliennes

1

1 Nach einem Gewitter fallen die Strahlen der Abendsonne aufs Kornfeld im fruchtbaren Lavanttal. Hier ist Kärntens Obst- und Getreidekammer, hier wächst sogar die Edelkastanie in freier Natur (5). Romanisches Relief, Markus mit Löwe (4), in der Stadtpfarrkirche von Wolfsberg, dem bedeutendsten Ort im Tale (2). Fenster am alten Wolfsberger Postgebäude (3)

1. After the storm, in the Lavanttal. 2. Wolfsberg is the most important town in the valley. Window in the old post office (3) and Romanesque relief (4) in Wolfsberg parish church

2

3

4

5

1

2

3

4

1 Blick von der Soboth ins Kärntner Land. Glasmalereien aus dem 14. Jahrhundert (2) und das Fastentuch (3) der Pfarrkirche in Bad St. Leonhard. 4 Stifterfresko des Thomas von Villach in der Pfarr- und Stiftskirche St. Paul

1. View from the Soboth. Lent altar-cloth (3) and glass paintings (14th cent.) (2) in Bad St. Leonhard parish church. 4. Fresco by Thomas von Villach in St. Paul's collegiate church

1 Vue de la Carinthie prise de la Soboth. Suaire de Carême (3) et vitraux (14e s.) (2) dans l'église paroissiale de Bad St. Leonhard. 4 Fresque du donateur de Thomas de Villach (1493), dans l'abbatiale de St. Paul

1 Die zweihundert Jahre alte „Schröckerkeusche" in Waldenstein. 2 Auch bei Lavamünd wurde die Drau für ein Kraftwerk gestaut. 3 Das 1091 gegründete Stift St. Paul, eines der drei berühmten Benediktinerstifte Kärntens, hütet viele wertvolle Kunstschätze. 4 An der Straße zwischen Wolfsberg und Frantschach steht das Ofnerkreuz, eine der Säulen vom Kreuzweg von St. Gertraud aus dem 16. Jahrhundert

1. Old cottage near Waldenstein. 2. The Drau dam at Lavamünd. 3. The Abbey of St. Paul. 4. Wayside shrine at Wolfsberg

1 Vieille maison près de Waldenstein. 2 Barrage de la Drave à Lavamünd. 3 Le monastère St. Paul. 4 Montjoie près de Wolfsberg

2

3

4

Das Richtkreuz auf der Grutschen bei Lind. Ein Bildstock, gebaut um ein spätmittelalterliches Holzkreuz, das früher beim Weißenegger Hochgericht als Richtkreuz stand

Wayside shrine at Lind

Montjoie près de Lind

Vom Zollfeld gegen Norden und in den Nockbergen

From the Zollfeld towards the north and the Nock mountains

Le Zollfeld en direction du Nord et des montagnes du Nock

Hochosterwitz, Ende des 16. Jh.s als Umgestaltung von Vorgängerbauten entstanden, gilt als eine der schönsten Burgen Österreichs. 14 Tore, konzipiert als Bollwerk gegen die Türken, schützen den Aufgang. Die Wehrhaftigkeit der Anlage wurde aber nie ernstlich auf die Probe gestellt

Hochosterwitz, one of Austria's loveliest castles

Hochosterwitz compte parmi les plus belles forteresses en Autriche

Römische Inschriften- und Reliefsteine, mit Vorliebe im Mittelalter, aber auch später an kirchlichen und profanen Bauten eingemauert, sind in Mittelkärnten besonders häufig. Vielfach stammen sie aus Virunum: Grabstein mit der Schleifung Hektors vor Troja (1) an der Wallfahrtskirche Maria Saal (6); Relief eines Dieners mit Kanne und Handtuch (3) und Grabstein mit drei Büsten (4) in der Vorhalle der Pfarrkirche St. Donat; Prunnerkreuz am Zollfeld (5)

An der Westfassade der Kirche St. Peter am Bichl wurden zwei karolingische Flechtwerksteine eingemauert (2)

1, 3.–6. Roman relief tablets set into church walls are commonly encountered in Central Carinthia.
2. Carolingian stone with weaving design on St. Peter am Bichl church

1, 3–6 Dans le centre de la Carinthie, on trouve souvent de vieilles pierres romaines à reliefs encastrées dans les murs des églises. 2 Pierres carolingiennes à entrelacements dans le mur de l'église de St. Peter am Bichl

2

3

4

5

6

Die Wallfahrtskirche Maria Saal im Zollfeld, die älteste Kirche des Landes, ursprünglich aus vorkarolingischer Zeit. Die heutige spätgotische Baugestalt stammt großteils aus der ersten Hälfte des 15. Jh. Einige Kilometer nördlich davon steht der aus römischen Werkstücken gefügte, 1301 erstmals urkundlich erwähnte Herzogstuhl, auf dem die Kärntner Herzöge den Ständen den Eid leisteten, Recht sprachen und die Lehen vergaben

Maria Saal pilgrimage church and the "Herzogstuhl", or ducal throne, at the Zollfeld

L'église de pèlerinage de Maria Saal et le "Siège des ducs" dans le Zollfeld

→

Blick von Waitschach gegen Süden. Im Hintergrund (rechts der Bildmitte) ist die Silhouette von Hochosterwitz erkennbar

View south from Waitschach. In the background (centre right) the silhouette of Hochosterwitz can be made out

Vue de Waitschach en direction du Sud. A l'arrière-plan (à droite du milieu de l'illustration) la silhouette de Hochosterwitz

2

3

1 Landschaft bei Hochosterwitz in einem schneearmen Winter.
2 Die romanische Pfarrkirche in Launsdorf wurde in gotischer Zeit umgebaut. Aus dieser Zeit stammt auch die motivreiche Kassettendecke in der Vorlaube.
3 Im Freilichtmuseum auf dem Magdalensberg veranschaulichen Funde von Skulpturen und Gebrauchsgegenständen Kultur und Geschichte einer keltisch-römischen Bergstadt

1. Scenery around Hochosterwitz. 2. Coffered ceiling in Launsdorf parish church. 3. Glasses from the Roman period discovered in Magdalensberg

1 Le paysage près de Hochosterwitz.
2 Plafond à caissons de l'église paroissiale de Launsdorf. 3 Verres de l'époque romaine, trouvés au Magdalensberg

2

3

5

1 Aufgang zum Karner von Waitschach. 2 Das spätgotische Fresko über dem Westportal der Pfarrkirche Zweinitz: zwei Engel halten das Schweißtuch der hl. Veronika. 3 Prozessionsfahne der Wallfahrtskirche Unsere Liebe Frau in Waitschach, mit Darstellung der spätgotischen Kirche und des Gnadenbildes vom Hochaltar. 4 Steinplattldach der Kirche von Possau. 5 Figur vom Brunnen am Hauptplatz von Feldkirchen

1. Approach to Waitschach charnel-house. 2. Fresco above the entrance to Zweinitz church. 3. Processional banner from Waitschach church. 4. The stone-tiled roof of Possau church. 5. Figure on a fountain in Feldkirchen

1 Entrée de l'ossuaire de Waitschach. 2 Fresque au-dessus du portail de l'église de Zweinitz. 3 Drapeau de procession de l'église de Waitschach. 4 Toit de pierres plates de l'église de Possau. 5 Statue d'une fontaine à Feldkirchen

1, 4 Seit etwa vierhundert Jahren besteht dieser Hof in Gnesau, Sonnleiten, doch nur noch das Wohnhaus selbst stammt aus der Zeit des seinerzeitigen Ringhofes. 2 Etwa fünfhundert Jahre alt dürfte dieses kleine „Auszugshäusl“ in Bad Kleinkirchheim sein. 3 Die spätgotische Pfarrkirche von St. Oswald ob Kleinkirchheim

1., 4. Four hundred year old farmhouse near Gnesau. 2. Old cottage in Bad Kleinkirchheim. 3. St. Oswald parish church

1, 4 Ferme de 400 ans à Gnesau. 2 Vieille petite maison de retraite des paysans à Bad Kleinkirchheim. 3 L'église paroissiale de St. Oswald

2

3

4

1

2

3

1 Alm am Großen Speikofel; 3 Manch seltene Pflanze, wie der Wulfen's Mannsschild (Androsace wulfeniana) blüht in den Nockbergen. 2 Im Gebiet um die Zunderwand wächst sogar der äusserst rare Alpen-Rittersporn (Delphinium alpinum)
4 Die hundertsäulige Krypta der Domkirche zu Gurk, eine der bedeutendsten romanischen Kirchen in Österreich, wurde als Grabstätte für die Begründerin des Nonnenklosters, die Gräfin Hemma, gebaut

1., Alpine pasture on the Grosser Speikofel. Rare plants, like the Androsace wulfeniana (3) and the Alpine delphinium (2) (Delphinium alpinum), are to be found in the Nock mountains. 4. The crypt of Gurk cathedral church

1. Alpage sur le Grosser Speikofel. Plusieurs plantes rares, comme l'androsace de wulfenia (3) et le delphinium alpin (2) fleurissent dans les montagnes du Nock. 4 La crypte de la cathédrale de Gurk

4

Portal des Rathauses von St. Veit an der Glan. Seit 1173 war St. Veit Residenz der Kärntner Herzöge und bis 1518 Landeshauptstadt

Portal of the "Rathaus" in St. Veit an der Glan

Portail de la mairie de St. Veit an der Glan

Anhang

Wichtige Daten aus der Geschichte Kärntens

Von Alfred Ogris

Ältere, mittlere und jüngere Steinzeit	Älteste Spuren menschlichen Lebens finden sich bisher in den Tropfsteinhöhlen des Griffener Burgberges aus der Zeit um 40.000 v. Chr.; weitere Funde ebendort sind aus der Zeit um 10.000 v. Chr. erhalten. Seit dem 3. Jahrtausend v. Chr. weisen Funde auf feste Siedlungen hin, z. B. auf dem Maria Saaler Berg, dem Kanzianiberg, dem Strappelkogel usw.
Seit ca. 1700 v. Chr.	sind Funde aus allen Gebieten des Landes erhalten.
750–400 v. Chr.	Die etwa 300 Brandgräber aus Frög bei Rosegg enthalten Grabbeigaben von europäischer Bedeutung.
Seit dem 4. Jh. v. Chr.	wandern die Veneter aus dem oberitalienischen Raum ins obere Gailtal ein; Funde auf der Gurina, in Würmlach und am Findenig-Thörl.
Um 250 v. Chr.	besiedeln keltische Stämme den Ostalpenraum, überschichten die illyrische Vorbevölkerung und gründen das nach einem ihrer Stämme benannte Königreich Noricum mit der Hauptstadt auf dem Magdalensberg.
113 v. Chr.	Die nach Süden ziehenden germanischen Kimbern schlagen bei Noreia erstmals ein römisches Heer.
15 v. Chr.	besetzen die Römer das norische Königreich und richten unterhalb des Magdalensberggipfels in der älteren keltisch-römischen Händlersiedlung ihr Verwaltungszentrum ein. Norisches Eisen hatte Weltruf.
Um 45 n. Chr.	wird Noricum römische Provinz, das auf dem Zollfeld gelegene Virunum wird ihre Hauptstadt. Der zweite römische Stadtbezirk war Teurnia im Bereich des heutigen Oberkärnten.
Um 300	beginnt vom Patriarchat Aquileia aus die erste Christianisierung. Virunum und Teurnia werden Bischofssitze. Die Provinz Noricum wird unter Diokletian geteilt, Virunum wird Hauptstadt von Binnennoricum.
5. Jh.	Im Zuge der Völkerwanderung fallen Germanenstämme in Binnennoricum ein, unter ihnen vor allem die West- und Ostgoten; letztere belagern 472 Teurnia.
476–565	Das ehemals römische Kärnten gehört kurzfristig zu den Germanenreichen des Odoaker und Theoderichs des Großen, vor 536 gerät es unter fränkischen, vor 565 unter oströmischen Einfluß.
Ab 591	wandern slawische Stämme ein und gelangen im Westen bis ins Pustertal. Das Zentrum des slawischen Fürstentums lag auf dem Zollfeld in Karnburg.
626 – ca. 738	Die Slawen des Gailgebietes leisten den langobardischen Herzögen von Friaul Tribut.
Um 700	taucht der Name „Carontani“ (= die Karantanen) beim „Geographen von Ravenna“ erstmals auf. Der Name des Landes erscheint um 800 beim langobardischen Geschichtsschreiber Paulus Diaconus als „Carantanum“.
Um 740	ruft der karantanische Slawenfürst Boruth die Baiern unter deren Herzog Otilo gegen die Awaren zu Hilfe; Beginn der bairischen, seit 788 der fränkischen Oberherrschaft über die Karantanerslawen.

Vor 765	beginnt die zweite, endgültige Christianisierung. Bischof Virgil von Salzburg schickt auf Bitten der Karantanen Priester ins Land, darunter den Chorbischof Modestus. Dieser weiht u. a. die Kirchen Maria Saal (beim ehemaligen Virunum) und St. Peter in Holz (beim ehemaligen Teurnia). Das Chorbistum Maria Saal besteht bis mindestens 945.
772	Herzog Tassilo III. wirft einen Aufstand der Karantanerslawen nieder; 788 wird er von Karl dem Großen abgesetzt.
811	Karl der Große bestimmt die Drau als Diözesangrenze zwischen dem Erzbistum Salzburg und dem Patriarchat Aquileia.
817–823	wird in Karantanien die fränkische Grafschaftsverwaltung eingeführt; die einheimischen Fürsten werden durch Reichsbeamte ersetzt.
9. Jh.	Beginn der hauptsächlich bairischen Kolonisation in Karantanien. Unter den mit Königsgut Beschenkten befindet sich auch das Bistum Freising, das schon im 9. Jh. Maria Wörth besitzt und dem 822 das Gebiet zwischen Trixen und Griffen gehört.
876	König Karlmann überträgt seinem Sohn Arnulf von Kärnten Karantanien. Arnulf wird 887 König des ostfränkischen Reiches, 896 Kaiser. In der karolingischen Pfalz Karnburg feiert er 888 das Weihnachtsfest.
976	Kärnten wird aus der Personalunion mit Baiern herausgelöst und wird selbständiges Herzogtum. Es stellt somit die älteste historisch-politische Individualität unter den heutigen österreichischen Bundesländern dar.
996	Bruno, der Sohn Herzog Ottos von Kärnten, besteigt als Gregor V. und erster deutscher Papst den Stuhl Petri.
1007	Das Bistum Bamberg erhält reichen Besitz in Kärnten, vor allem den Hof Villach, das Paßgebiet um Arnoldstein und Tarvis sowie, im Laufe der Zeit, u. a. auch Wolfsberg (= Sitz des bambergischen Vizedoms in Kärnten).
11. Jh.	Bedeutende Klöster wie die Nonnenstifte St. Georgen am Längsee (um 1010) und Gurk (1043) sowie die Benediktinerklöster Ossiach (vor 1028), Millstatt (um 1070) und vor allem St. Paul (1091) werden gegründet.
1072	Der Salzburger Erzbischof Gebhard errichtet das Bistum Gurk, das erst 1131 einen bescheidenen Diözesansprengel erhält. Schon unter Bischof Roman I. von Gurk wird ca. 1140 mit dem Bau des Gurker Domes begonnen.
1077–1122	Die Eppensteiner lösen als erste einheimische Dynastie die Herzöge von Kärnten aus verschiedenen bairischen, schwäbischen und fränkischen Geschlechtern ab.
12. Jh.	Die Klostergründungen in Kärnten werden fortgesetzt, und zwar mit Arnoldstein (1106, Benediktiner), Eberndorf (zwischen 1132–49, Augustiner-Chorherren), vor allem aber mit dem 1142 gegründeten Zisterzienserstift Viktring.
1122	Das Gebiet der späteren Steiermark, die Kärntner Mark, wird vom Herzogtum Kärnten losgelöst.
1122–1269	Die rheinfränkischen Spanheimer betreiben als Kärntner Herzöge erstmals eine gezielte Landespolitik. Besonders unter Herzog Bernhard II. von Spanheim (1202–56) tritt ein Aufschwung ein, das Städtewesen beginnt auf der Grundlage der alten Märkte zu blühen, St. Veit wird Landeshauptstadt. Zu den ältesten Städten des Landes gehören noch das bambergische Villach, das salzburgische Friesach, Völker-

markt und Klagenfurt. Die spanheimische Politik in Kärnten richtet sich hauptsächlich gegen die territoriale Zersplitterung des Landes.

1228 Erzbischof Eberhard II. von Salzburg errichtet das Bistum Lavant mit dem Sitz in St. Andrä im Lavanttal.

1236 Bischof Eckbert von Bamberg gründet das Prämonstratenserstift Griffen.

1269–1276 Unter König Ottokar II. von Böhmen wird Kärnten vorübergehend mit Österreich, der Steiermark und Krain vereinigt.

1270 Der Kärntner Ulrich von Heunburg wird von König Ottokar II. zum ersten Landeshauptmann von Kärnten (capitaneus) ernannt.

1276–1335 Kärnten, vorerst dem Grafen Meinhard von Görz-Tirol unterstellt, wird seit 1286 von den Herzögen aus dem Hause Görz-Tirol, den „Meinhardinern", regiert.

1286 Am 1. September 1286 unterzieht sich Meinhard von Görz-Tirol den Einsetzungsbräuchen auf dem Zollfeld. Der erste Bericht über diese Zeremonien stammt vom steirischen Reimchronisten Ottokar aus der Geul aus dem Beginn des 14. Jahrhunderts.

1312–1345 steht dem Stift Viktring Abt Johann vor, der als „Johannes Victoriensis" der bedeutendste Historiograph des Spätmittelalters ist.

1335 Kärnten fällt an das Haus Habsburg und wird mit Österreich, Steiermark und Krain vereinigt.

1338 Herzog Albrecht II. von Österreich bestätigt und erweitert die Kärntner Landesfreiheiten.

1348 löst ein starkes Erdbeben den Bergsturz des Dobratsch ins Gailtal aus. Villach wird zum Großteil zerstört, im Gefolge dieser Katastrophe tritt in Kärnten die Pest auf.

1414 findet auf dem Fürstenstein zu Karnburg das letzte Mal eine Herzogseinsetzung statt. Die Bräuche am Herzogstuhl auf dem Zollfeld werden noch bis 1597 (durch den Landesfürsten persönlich) bzw. bis 1651 (durch einen Vertreter des Landesfürsten) geübt. Die kirchlichen Zeremonien finden von alters her in Maria Saal statt.

1465–1500 Der Geschichtsschreiber Jakob Unrest, Pfarrer in St. Martin am Techelsberg, verfaßt drei bedeutende Werke, darunter die „Österreichische Chronik".

1473–1483 Fünfmal fallen die Türken in Kärnten ein (1473, 1476, 1478, 1480, 1483) und gelangen auf ihren Raubzügen bis weit in das Innere des Landes.

1478 bricht im Bereich der Grafschaft Ortenburg in Oberkärnten unter Führung des Peter Wunderlich ein großer Bauernaufstand aus, der sich über das ganze Land ausbreitet.

1518 Klagenfurt wird von Kaiser Maximilian I. den Kärntner Ständen geschenkt. Die Stände lassen die neue Landeshauptstadt nach Plänen des Domenico de Lalio renaissanceartig erweitern und 1574–90 von den Baumeistern Antonio Verda und Hans Freymann das Landhaus als Symbol ständischer Macht erbauen. Der Lindwurm, das Wahrzeichen Klagenfurts, wird 1590 von dem Bildhauer Ulrich Vogelsang geschaffen.

Seit 1525 dringt das Gedankengut der Reformation in Kärnten, vor allem in die Städte, ein.

Ca. 1533–1597 läßt der spanische Edelmann Gabriel von Salamanca das in Österreich einzigartige Renaissanceschloß Porcia in Spittal an der Drau erbauen. Ungefähr zur gleichen Zeit (1571–86) entsteht über Initiative Georg Khevenhüllers die Burg Hochosterwitz.

1535	erfolgt eine entscheidende Schwächung der salzburgischen und bambergischen Positionen in Kärnten.
1578	Erzherzog Karl II. gewährt dem Kärntner Adel Religionsfreiheit und erhält dafür Hilfe gegen die Türken.
1579–1592	Michael Gothard Christalnick verfaßt die „Historia Carinthiaca" (= Geschichte Kärntens), die 1612 von Hieronymus Megiser unter dem Titel „Annales Carinthiae" in Leipzig gedruckt wird.
1598–1604	lassen sich die Jesuiten in Millstatt, Eberndorf und Klagenfurt nieder.
1600	beginnt in Kärnten in verstärktem Maße die Gegenreformation, und zwar vorerst im Bürger- und Bauernstand. Die Exulantenbewegung in den süddeutschen Raum setzt ein.
1628	Infolge der Aufhebung der Religionsfreiheit für den Adel erreicht die Auswanderungswelle einen Höhepunkt. Die Kärntner Stände werden dadurch entscheidend geschwächt.
1690	richtet ein schweres Erdbeben großen Schaden an.
1747–1748	wird in Kärnten mit den theresianischen Verwaltungsreformen begonnen. Das Land wird in drei Kreise eingeteilt, die ständische Macht wird praktisch gebrochen.
1751	gelangt das Gebiet südlich der Drau nach Auflösung des Patriarchates Aquileia vorübergehend unter das Erzbistum Görz und dann im Zuge der josephinischen Diözesanregulierung 1786 an das Bistum Gurk.
1759	erwirbt der Staat den bambergischen Besitz in Kärnten.
Seit 1781	bilden sich in Kärnten auf Grund des Toleranzpatentes Josephs II. 13 sogenannte Toleranz- und acht Filialgemeinden. Die Zeit des Geheimprotestantismus ist damit zu Ende.
1782	wird Kärnten dem Gubernium in Graz unterstellt. In Klagenfurt wird ein Appellationsgericht für Inner- und Oberösterreich (Steiermark, Kärnten, Krain, Görz, Gradiska, das Küstenland, Triest, Tirol und Vorarlberg) errichtet.
1783–1787	werden die Klöster Arnoldstein, St. Georgen am Längsee, Ossiach, Viktring, Griffen und St. Paul im Zuge der josephinischen Kirchenpolitik aufgehoben. St. Paul wird 1809 von Mönchen aus St. Blasien im Schwarzwald wieder besiedelt.
1797–1813	ist auch Kärnten Schauplatz der Franzosenkriege. Führer des Widerstandes war der „Kärntner Andreas Hofer", Johann Baptist Türk, der in Maria Saal begraben liegt.
1800	Dem Gurker Bischof Franz II. Xaver Altgraf von Salm-Reifferscheidt-Krautheim gelingt am 28. Juli 1800 gemeinsam mit seinem Generalvikar Sigismund von Hohenwart und einigen Führern die Erstbesteigung des Großglockners.
1805	werden die salzburgischen Besitzungen in Kärnten säkularisiert.
1809	wird der Villacher Kreis an Frankreich abgetreten und somit zu einer der dem Gubernium in Laibach unterstellten „illyrischen Provinzen".
1816	Nach der Rückeroberung des Villacher Kreises 1813 verbleibt dieser bei den österreichischen illyrischen Provinzen (seit 1816 Königreich Illyrien). 1825 wird auch der Klagenfurter Kreis dem Gubernium in Laibach unterstellt.
1848–1849	spricht sich der erste frei gewählte provisorische Kärntner Landtag mit den Stimmen

der Slowenen für ein ungeteiltes Kärnten aus. Kärnten wird wieder selbständiges Kronland mit dem Sitz der Landesregierung in Klagenfurt.

1859 Der Sitz des Bistums Lavant wird nach Marburg (heute in Jugoslawien, Maribor) verlegt. Die Kärntner Gebiete des Bistums werden dem Bistum Gurk unterstellt, dessen Diözesangrenzen sich seit damals mit den Landesgrenzen decken.

1861 Ende März 1861 wird in Kärnten der Landtag gewählt; mit der ersten Sitzung am 6. April 1861 beginnt die bis heute maßgebende Zählung der Gesetzgebungsperioden.

Seit 1863 wird das Eisenbahnnetz in Kärnten ausgebaut.

1918 Am 11. November 1918 erklärt die Vorläufige Landesversammlung in der provisorischen Landesverfassung den Beitritt Kärntens zum neuen Staat Deutsch-Österreich.

1918–1919 Am 5. Dezember 1918 beschließt die Kärntner Landesregierung den bewaffneten Widerstand gegen das Vordringen südslawischer Truppen in Kärnten. Der Kärntner Abwehrkampf und die diplomatischen Aktionen in Paris bewirken gemeinsam die Zuerkennung einer Volksabstimmung über das strittige Gebiet in Kärnten.

1919 verliert Kärnten auf Grund der Bestimmungen des Friedensvertrages von St. Germain das Kanaltal an Italien, das Mießtal, Unterdrauburg und die Gemeinde Seeland an Jugoslawien.

1920 Am 10. Oktober 1920 bekennen sich in einer demokratischen Volksabstimmung von insgesamt 37.304 Stimmberechtigten in der Zone A 22.025 (= 59,04 %) zu einem Verbleib der gemeinsamen Heimat Kärnten bei Österreich, 15.279 (= 40,96 %) stimmen für einen Anschluß an den SHS-Staat. Angesichts der seit dem Sommer 1919 unter jugoslawischer Besatzung stehenden Zone A und einer bis zu ca. 70 % slowenischsprachigen Bevölkerung des betreffenden Gebietes (laut Volkszählung von 1910) ist der proösterreichische Erfolg sehr hoch einzuschätzen und ein Bekenntnis zur Landeseinheit.

1927–1930 Die den Kärntner Slowenen angebotene Kulturautonomie wird von diesen wegen Meinungsverschiedenheiten in der Schulfrage abgelehnt.

1934 wird der alte, seit 1861 bestehende Landtag aufgelöst; ein Landtag auf ständischer Grundlage wird errichtet.

1938 Nach dem Anschluß Österreichs an das nationalsozialistische Großdeutsche Reich bildet Kärnten einen eigenen Reichsgau, dem seit dem 1. Oktober 1938 Osttirol und seit 1941 auch das Mießtal mit Unterdrauburg sowie Oberkrain angehören.

1944 ist Kärnten zahlreichen Bombenangriffen ausgesetzt; die Schäden sind beträchtlich.

1945 Am 8. Mai 1945 besetzen britische Truppen Kärnten.

1945–1949 Die von Jugoslawien gestellten Gebietsansprüche werden bei den Verhandlungen in London und Paris zurückgewiesen.

1955 Der Staatsvertrag vom 15. Mai 1955 und nicht zuletzt seine Ratifizierung auch durch Jugoslawien sichern die Landeseinheit Kärntens.

1957 wird in Klagenfurt das „Slowenische Bundesrealgymnasium“ gegründet, das später in „Bundesgymnasium für Slowenen in Klagenfurt“ umbenannt wurde.

1970 Am 7. Februar 1970 tritt das Bundesgesetz über die Gründung der Hochschule für Bildungswissenschaften in Klagenfurt – heute Universität für Bildungswissenschaften – in Kraft.

1972 wird eine umfassende Neuordnung der Gemeindestruktur vorgenommen, bei der die Zahl der Gemeinden von 203 auf 121 verringert wird. Das Gesetz tritt am 1. Jänner 1973 in Kraft.

1976 Am 6. Mai richtet ein starkes Erdbeben in der Nachbarregion Friaul große Zerstörungen an und verursacht auch in Kärnten beträchtliche Schäden. Das Land Kärnten begeht in festlicher Weise den 1000. Jahrestag der politischen Verselbständigung des Herzogtums Kärnten im Jahre 976.

1978 Die Eröffnung der Kraftwerksgruppe Malta weckt auf dem energiepolitischen Sektor die Hoffnung auf mehr elektrischen Strom, stößt aber bei umweltbewußten Naturschützern auf herbe Kritik. Der Staudamm der Kölnbreinsperre zählt mit seinen 200 m zu den höchsten Europas.

1979 Die Landtagswahlen vom 7. Oktober 1979 bringen mandatsmäßig eine Bestätigung der politischen Kräfteverhältnisse im Lande: Sozialistische Partei Österreichs 162.739 Stimmen = 53,9 Prozent (20 Mandate), Österreichische Volkspartei 96.182 Stimmen = 31,9 Prozent (12 Mandate), Freiheitliche Partei Österreichs 35.332 Stimmen = 11,7 Prozent (4 Mandate), Kommunistische Partei Österreichs 3135 Stimmen = 1 Prozent (kein Mandat), Koroška enotna lista – Kärntner Einheitsliste 4279 Stimmen = 1,4 Prozent (kein Mandat).

Hauptsächlich verwendete Literatur: Handbuch der historischen Stätten. Österreich 2, Alpenländer mit Südtirol, hrsg. von Franz Huter. Króners Taschenausgabe 279, Stuttgart ^{2}1978, S. 191–342; Das ist Kärnten. Geschichte, Bestand, Entwicklung, hrsg. von der Kärntner Landesregierung, Klagenfurt 1970, besonders S. 30–31: Wilhelm Neumann, Von 200 v. Chr. bis 1920, Zeittafel zur Geschichte Kärntens.

Bei dieser Skizze von Kärnten sind besonders die im Bildteil abgebildeten Orte und Gegenden berücksichtigt

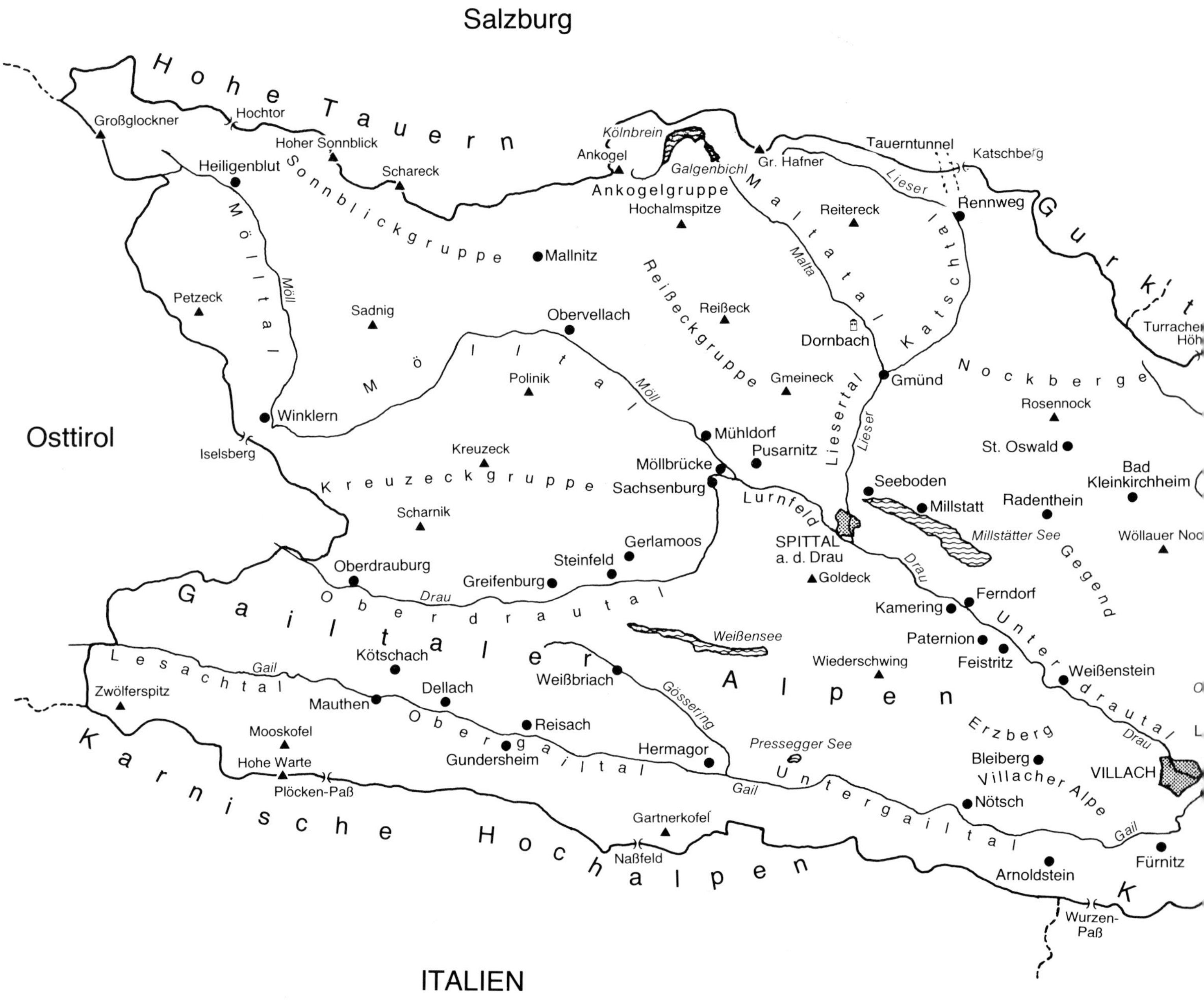

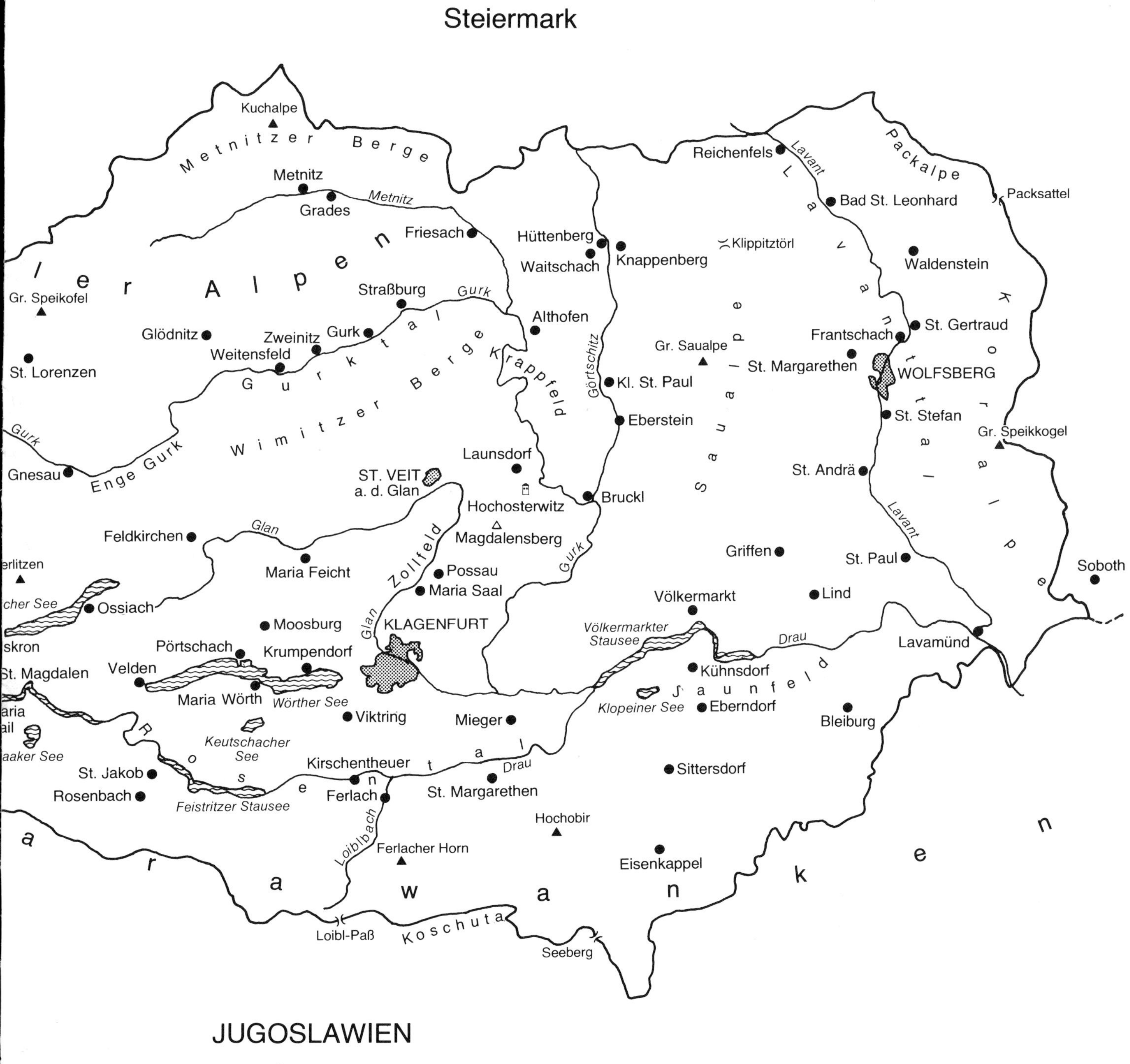

Steiermark
Kuchalpe
Metnitzer Berge
Metnitz
Metnitz
Grades
Friesach
Hüttenberg
Waitschach
Knappenberg
Klippitztörl
Reichenfels
Lavant
Bad St. Leonhard
Packalpe
Packsattel
Waldenstein
Gr. Speikofel
St. Lorenzen
Glödnitz
Zweinitz
Gurk
Weitensfeld
Straßburg
Gurk
Gurktal
Althofen
Krappfeld
Wimitzer Berge
Görtschitz
Kl. St. Paul
Eberstein
Gr. Saualpe
Saualpe
St. Margarethen
Frantschach
St. Gertraud
WOLFSBERG
Lavanttal
St. Stefan
Koralpe
Gr. Speikkogel
Gnesau
Enge Gurk
Gurk
Launsdorf
ST. VEIT a. d. Glan
Hochosterwitz
Bruckl
St. Andrä
Glan
Feldkirchen
Magdalensberg
Zollfeld
Griffen
St. Paul
Lavant
Soboth
Maria Feicht
Possau
Maria Saal
Gurk
Ossiach
Völkermarkt
Lind
Moosburg
Glan
KLAGENFURT
Völkermarkter Stausee
Drau
Lavamünd
Pörtschach
Krumpendorf
Velden
Kühnsdorf
Jaunfeld
Maria Wörth
Wörther See
Klopeiner See
Eberndorf
Bleiburg
Viktring
Mieger
Keutschacher See
Rosental
Kirschentheuer
Drau
Sittersdorf
St. Jakob
Rosenbach
Ferlach
St. Margarethen
Feistritzer Stausee
Hochobir
Loiblbach
Ferlacher Horn
Eisenkappel
Karawanken
Loibl-Paß
Koschuta
Seeberg
JUGOSLAWIEN

Orts- und Sachwortregister
zu den Abbildungen

Die Bildbeschriftungen stammen von persönlichen Informationen, zudem wurde folgende Literatur verwendet: Hasso Hohmann, Giebellucken und Stadlgitter, Verlag für Sammler, Graz 1975; Dehio Handbuch, Die Kunstdenkmäler Österreichs, Band Kärnten, Verlag Anton Schroll, Wien 1976; Helmut Prasch, Eine Volkskunde Oberkärntens, Selbstverlag des Bezirksheimatmuseums, Spittal/Drau 1965 und 1968; F. Kahler, Die Natur Kärntens, Band I, Verlag Johannes Heyn, Klagenfurt 1975; Eduard Skudnigg, Bildstöcke und Totenleuchten in Kärnten, Verlag des Landesmuseums Klagenfurt, 1972; O. Moser, Das Bauernhaus und seine landschaftliche und historische Entwicklung in Kärnten, Klagenfurt 1974.

Fotografen und Bildstellen

Lothar Beckl 56, 57/1, 105/2. Helmut Hartl 49/2, 58/1, 94/1, 94/2, 94/3, 94/5, 94/6, 94/7, 126/2, 126/3. Helge Haselbach 47/2, 48, 52/53, 54, 55 unten links, 58/2, 62, 64, 73/3, 73/4, 80/2, 82/2, 84, 85, 86 links unten, 87/5, 92, 93, 97/2, 103, 109/2, 115/3, 115/4, 116, 117, 118/119, 120/1, 121/3, 122, 123/3, 126/1. Otmar Kaiser 41, 51, 94/4, 106/4, 127. Löbl-Schreyer 59, 60/1, 63/2, 67, 68/1, 71, 74, 77, 78/3, 88/89, 95, 104, 106/1, 114/2. Erik Pflanzer 63/4, 68/2, 73/5, 82/1, 82/4, 83/7, 86/2, 87/3, 87/4, 87/6, 96/1, 98/1, 99/2, 108, 109/3, 109/4, 110, 113, 114/1, 115/5, 115/6, 123/2, 123/4, 128. Hella Pflanzer 42/43, 44/1, 44/2, 45/4, 47/1, 47/3, 50/1, 50/3, 55, 61, 63/3, 68/4, 78/2, 79, 81/3, 86/1, 91, 99/3, 99/4, 123/5, 124/1 125/2, 125/3, 125/4. Gerfried Cebrat 44/3, 46, 49/1, 50/2, 60/2, 60/3, 68/3, 69/5, 70, 72/1, 72/2, 82/3, 82/5,83/6, 90, 100, 105/3, 105/4, 106/2, 106/3, 121/2. Wilhelm Schacht 80/1, 105/5. Toni Schneiders 78/1. H. G. Trenkwalder 57 unten links.